Kyoko Nii's Salon Talk
〜仁位京子の〈お話サロン〉〜

お菓子・紅茶・英国物語

欧風家庭料理・洋菓子研究家
日本紅茶協会認定ティーインストラクター

仁位 京子

てらいんく

日本から「グラインドボーン・オペラツアー」に参加。
途中で立ち寄ったカンタベリー大聖堂（イギリス南部）にて。

自宅にて。
紅茶をいれている時間は、心がやすらぐひとときです。
Please, "a nice cup of tea!"

はじめに

　はじめまして。私のロンドン滞在は、1975年～1979年と、1987年～1990年。最初の滞在時は古き良き時代がまだ少し残っていたころで、6歳と8歳の息子がらみの付き合いの中で私はイギリス人の日常生活をたっぷり楽しみました。そして二度目の滞在では、日本に残した子どもたちを案じながらも、大人の世界を満喫し、私自身が学ぶ機会にも恵まれました。

　二度に渡る英国生活の経験が、今では私の大きな財産となっています。今回、「イギリスのこと、お話ししたい」という私の気持ちをこんな形で発信できることに感謝！

　帰国してもう25年も経つのですが、楽しかった思い出は薄れることなく、私の心の中では生き生きとよみがえってくるのです。今回は、そんな当時を懐かしみつつ、インターネットで連載していた記事（2006年12月～2010年3月）に少し加筆修正したものをお届けしたいと思います。

仁位　京子

はじめに 3

1 英国のクリスマス 6

2 わーい　今日は王様だー 8

3 バレンタインデーにちなんで
　〜レディー・ゴディバ物語＆フルーツティー〜 12

4 英国の春の訪れは……
　〜イースターシーズンに出会った楽しいケーキたち〜 16

5 美味しいイギリス料理は家庭にあり 20

6 ファーストフラッシュの季節ですよー 24

7 イギリスの初夏は戸外で……　〜花と緑に囲まれて〜 28

8 夏・おすすめのアイスティー
　〜オンザロック方式でいれましょう〜 32

9 夏が来れば思い出す　〜親離れ・子離れのきっかけは〜 38

10 紅茶の生産国を訪ねて　〜スリランカが好き！〜 42

11 ご存じですか、紅茶の日　〜紅茶の日のルーツをたずねて〜 46

12 芝生の上のティータイム10年
　〜英国で優雅な野外ティーに出会って〜 50

13 魔女の家（ヘクセンハウス）
　〜お菓子の家への夢を追い続けて〜 54

14 ハウステンボスのクリスマス 58

15 「クイーン・エリザベス2」クルージング 62

16 新緑の5月・戸外でランチ
　〜素敵な薔薇公園、見つけました〜 76

17 クイーンズ・バースデイ 82

CONTENTS

18　パリで出会ったお菓子 86
19　ロンドン・ウォーク　～ブルー・プラーク見つけた！～ 88
20　イギリスでガーデンボランティア 92
21　秋色の食卓に乾杯！　～自然界の恵みに感謝して～ 96
22　"美味しい紅茶"の主役はポット
　　～ティーポットカレンダーより～ 102
23　クリスマスプディングってなあに？　から50年 106
24　ウェッジウッドへの想い　～テーブルウェアーの周辺で～ 108
25　イギリスのくまさん　～マーマレード・作りましょう～ 112
○コラム○　ピーターラビットも紅茶が好き！ 115
26　日常のティータイム寸描　～ロンドン暮らしのメモより～ 116
27　薔薇の季節に　～お菓子・紅茶・英国物語～ 120
28　日常のティータイム寸描　～さくらんぼの季節に～ 124
29　ティーコジーに魅せられて
　　～テーブルをより楽しく豊かに～ 128
30　ベンチ物語　～英国で知ったメモリアルベンチ～ 132
31　Let's try Christmas cooking! 136
32　中欧4カ国クリスマスマーケットを訪ねて
　　ウィーン・バーデン（オーストリア）/チェスキー・クルムロフ（チェコ）
　　/ブダペスト（ハンガリー）/ブラチスラヴァ（スロバキア） 142
33　chocolate・チョコレート　～ウィーンの街から～ 148
34　お別れ……そして出会いの季節
　　～ホームパーティー開きませんか～ 152
　　あとがきに代えて 157

英国のクリスマス

2006/12/20 号

クリスマスカード

こんな美味しいクリスマスカードも。
チョコチップスクッキーの材料の瓶詰め。

　今年もクリスマスシーズンがやってきました。常にも増して大好きなイギリスのことが思い出される日々です。

　英国で迎えた初めてのクリスマス。もう30年も前のことですが……。忘れもしません、12月1日に届いた大きなクリスマスカード。大家さんからのものでした。

　驚いていると次々と届くではありませんか。それまで海外へのカードが25日に届くようにし、結構真剣に気を配っていたのは何だったのでしょう？　そしてその数のすごいこと。

　幼稚園と小学校の息子たちも、毎日学校から「またもらったよー」と得意げに持って帰ってくるのです。「子ども用には1クラス分（30枚くらい）の箱入りが得だよー」と教えてくれる人もいて、我が家でもせっせと書いて配りました。

クリスマス切手

"The 12 Days of Christmas"
のクリスマスカード

壁掛け用クリスマスカードホルダー

　その届いたたくさんのクリスマスカードは、出窓に飾ったりカードホルダー（いろいろな種類が市販）にまとめて壁にかけたりして、クリスマスが終わる１月６日まで楽しむのです。確かにクリスマスカードは聖画、美しい名画、エキゾチックな外国の風景、また、漫画チックなものまで、それぞれ美しく楽しいものばかりです。

　友人のモーリンからクリスマスシーズンにランチの招待を受けたことがありますが、細い紐が部屋の周囲にめぐらされ、小さい洗濯バサミでカードがびっしり万国旗よろしく留めてあり、思わず「すごーい」といったら、紐セットが売っているとのことでした。ちなみにモーリンは女学校の人気教師なので、特にたくさんもらうのだそうです。

参考：最近、日本でもクリスマスシーズンによく耳にする "On the twelfth day of Christmas, my true love sent to me" で始まる「クリスマスの12日」という歌は、マザーグースの一つで、イギリスにいたころはクリスマスパーティーでは必ず最後に歌ったものです。関連の切手やカードもたくさん出ています。

2　わーい　今日は王様だー

2007/1/10 号

　2007年がスタートしました。皆さんはどんなお正月をお過ごしでしたか？

　最近は横文字の氾濫に加えて、私たちの日常生活から日本古来のよさが消えていくようで淋しく思うことが多々ありますが、お正月はやっぱりお屠蘇(とそ)とお雑煮ですね！

　そこでまた、ロンドンで初めて迎えたお正月の話。

　クリスマスシーズンを体験してイギリスに住むことへのお墨付きをいただいた気分。それだけにお正月は？　という期待がありました。

　嬉しいことに夫の同僚から1月6日の夕食にご招待いただき、期待に胸はずませて伺いました。が……あれ？　ドアにはまだクリスマスリースが、リビングルームにはクリスマスツリーが、そして暖炉の上や出窓にはずらりとクリスマスカードが並んでいます。「あら、この家の奥様、怠け者ねー」というのが第一印象でした。

　後で知ったことですが、キリスト教圏では25日にクリスマスが始まり、12日後の、1月6日"公現節"で終わるのだそうです。そして、この日に食すという、素敵なお菓子「ガレット・デ・ロア」に出会いました。

"Galette de Rois"（ガレット デ ロア）〜王様のお菓子〜

　伝統的なフランスのパイ菓子です。パイの中身はアーモンドクリームですが、クリームの中にフェーブ（ソラマメ）と呼ばれる小さな陶器の人形を忍ばせておき、切り分けて食すときに、それが当たった人

フェーブ。現在はソラマメにかわって、陶器の人形や、プラスティック小物などが使われている。

が「わーい王様だ」というわけなのです（フェーブの起源はローマ時代に収穫祭でソラマメを引いた人が王様になるという習わしから）。頭上に王冠を戴き、周りの人々から祝福を受け、その日は一日じゅう王様になって命令することができます。

　今ではお菓子を楽しむ意味合いのほうが強いようですが、もともとはイエス降誕劇でおなじみの東方の三博士が星に導かれ、12日目に馬小屋でイエス様にまみえた日を祝うお菓子だったようです。

　16世紀初め、フランソワ1世の時代に誕生した長い歴史をもつお菓子ゆえに、フランス大革命後の議会で議員の中から「平民のガレット」と改名すべきだとの提案があったそうですが、誰一人賛成しなかったとか。やはりお菓子にはある種の夢が必要ということでしょうか。子どもはもちろんのこと、大人だってたまには王冠をかぶってみるのもいいのでは？

　在日10年、ブルゴーニュ地方出身の青年フィリップに子ども時代の思い出をたずねました。彼のお母さんはガレット・デ・ロアを切り分けるとき、いつでもその日いちばん小さい子どもが王様（女王様）になるようにとの気配りをしてくださったとか……。優しいですね。

「ガレット・デ・ロア」
冠は毎年手作りしています。

フェーブ

ということで、私が1月に開くお茶会"女正月　紅茶で乾杯！"では、メインケーキに必ず「ガレット・デ・ロア」を選びます。

　私が昔、洋菓子を学んだころはパイを折るのが大変でしたが、今ではよい冷凍パイが市販されていますので、簡単に作ることができます。ぜひ、トライしてみてください。

ガレット・デ・ロア（王様のパイ）

【材料】（直径21cmのパイ型）
- 市販のパイシート……200g　※室温に戻す
- ●アーモンドのクリーム
    - バター……120g　※やわらかくしておく
    - 砂糖……100g
    - 卵（L）……2個　※溶きほぐしておく
    - 粉末アーモンド……120g
    - レモン汁……大さじ1
    - ラム酒……大さじ1

【作り方】
◇アーモンドクリーム
① 粉末アーモンドと砂糖を混ぜ、やわらかくしたバターを混ぜる。
② 溶き卵（約1.5個分）を加えて、泡立て器で混ぜる。
③ レモン汁、ラム酒を加える。

◇パイ
① パイシートを2〜3mmの厚さにのしてパイ皿に敷き込み、アーモンドクリームをドーム状に盛り、クリームの中にフェーブをしのばせる。パイの周りに溶き卵を塗る。
② もう1枚のパイシートを伸ばし、上にかぶせてふちをよく押さえる。
③ 上面に溶き卵を塗り、竹串で模様をつける。
④ 200度のオーブンで20分、180度に下げて20分焼く。

3 バレンタインデーにちなんで
～レディー・ゴディバ物語＆フルーツティー～

2007/2/7号

　お正月気分が過ぎると街には待ってましたとばかりに登場するチョコレートたち。
　ロンドン滞在中は、できるだけ多くの歴史や文化に触れたいと常にアンテナを張っていました。
　ある日のこと、旅行案内書を見ていた夫が、「オ！　裸の美人像があるぞ、見にいこう」ということで早速ドライブ。といっても、行く先の「コベントリー」は大工業都市バーミンガムの近くの美しい街ですが、ロンドンからは160km、結構遠いのです。
　なぜ、わざわざ？　と思われるでしょうね。別にヌード美人像が見たかったのではありません。

　そこには、こんな歴史がありました。

　11世紀の英国、コベントリー地方の領主ゴディバが領民たちに重税をかけて苦しめていました。見かねた領主の妻は、税を軽くするよう夫にお願いしました。

　領主がいうには、「もし、お前が裸で白馬に乗って村の大通りを歩いたら……」と。そこでゴディバ夫人、やり遂げましたよ。正義と勇気という衣を着て。

　有名なベルギーのチョコレート「ゴディバ」はこのお話からのものだそうです。

　そのときのこぼれ話として……。

　夫人の勇気に村民たちは感動こそすれ、誰一人のぞき見る人はいなかったといいたいのですが、実はたった一人、窓からそっとのぞいた不埒なやつがいたのです。

「ピーピーング・トム」（のぞき見のトム）。悪いことをしたトムは罰で目が見えなくなったという、英国の子どもたちにはおなじみの物語ができました。

フルーツティー

　今年は暖冬とはいえ、やっぱり寒い日が続いています。
　体を温めてくれる紅茶をご紹介しましょう。数種類のフルーツが織りなす香りと味は、もちろん目にも楽しいティーです。

フルーツティー

フルーツの生クリームがけ

【材料】（4人分）
・茶葉（ディンブラ、ニルギリ）……10g
・熱湯……640ml
・ラム酒漬けレーズン……大さじ1
・生クリーム（好みで砂糖）……適宜
・フルーツ（りんご、洋なし、キウイ、オレンジ、イチゴ等）…適量

【作り方】
① ポットに茶葉を入れ熱湯を注ぎ、2分蒸らす。
② 別のポットにフルーツを入れておき、その上から茶こしを使って①を注ぎ、ウォーマーなどで温め、香りをつける。
③ 紅茶を楽しんだ後、残ったフルーツをガラスの器に盛りつけ、軽く泡立てた生クリームをかけて食す。

参考：フルーツの香りを生かすには、渋みの少ない茶葉（ディンブラ、ニルギリ等）を使う。
　　　お客様へのおもてなし等のときは、メロンなどを使って高級感を。

英国の春の訪れは……
〜イースターシーズンに出会った楽しいケーキたち〜

2007/3/7 号

ハイドパークに春の訪れ。クロッカスとダッホデル（ラッパ水仙）。

♪ミュンヘン、札幌、ミルウォーキー

(作詞：山本直純 「ミュンヘン・札幌・ミルウォーキー」)

　ご存じですよね。三つの都市が同じ緯度という耳になじんだコマーシャルソング。ロンドンに転勤が決まったとき、すぐに頭に浮かんだのがこのフレーズでした。ロンドンはミュンヘンより上だから札幌より寒いんだーなんて想像したものです。そして実際住んでみると、やっぱり寒かった！　メキシコ暖流の影響で雪こそ降りませんが、凍りついた路上でバスを待つつらさ、先輩奥様が"車の免許"と"ブーツ"が必需品と言われたのには同感、同感でした。
　それだけにクロッカスとダッホデルの群生が告げる春の訪れは本当に嬉しいものです。

イースターホリデーの楽しみ

　日本でひな飾りがアチコチで見られるころ、イギリスではイースター（復活祭）のためのデコレーションが街を彩ります。

人々は、クリスマスツリーならぬイースターツリーを立ててキリストの復活を祝います。

新しく芽吹いた木の枝（ミモザや連翹（れんぎょう）など）に赤やグリーンに色づけした卵、小鳥などを飾りつけます。それぞれに工夫があり、少しずつ異なり、どれを見ても春を迎える喜びに満ちあふれている気がします。

イースターツリー

そして、私が見つけたのが地域のADULT SCHOOL（成人学校）の"イースターケーキコース"。早速参加してみました。

イースターは、もともと春の到来を祝うお祭りで、イースターという言葉も暁の女神エオストレにちなんでつけられたとか、北国の長い冬の眠りから覚める春の生命を祝うお祭りの由来が、イースターのお菓子にも残っているとか。初めて知ることばかりで、さすが学校だと感心したものです。コースで製作するお菓子は楽しいものが多くて、このコースで出会ったノベルティーケーキにすっかり魅せられてしまったのです。

ノベルティーケーキ（NOVELTY CAKE）

チョット聞き慣れない言葉ですが、ケーキにも大きなデコレーションケーキ、ケーキ屋さんのショーケースを彩るたくさんの美味しいケーキ、かわいらしいプチケーキ、そしてチョット奇抜なアイデアケーキたちなどがあります。この「奇抜なケーキ」が今回お話しするノベルティーケーキです。語源は"NOVEL"（新しいとか奇抜なの意）。

とにかく写真をご覧ください。

ハッピーイースターハウス

お隣のMARIの誕生日に（ロンドン）

子どもたちに人気のくまさんとポストマン

障がい者と健常者の交流会で。
♪一人の小さな手　何もできないけど
　それでも　みんなの手と手をあわせれば
　何かができる　何かができる
（作詞：アレクシス・コムフォット　訳詞：本田路津子　「一人の手」）

〈4〉　英国の春の訪れは……

私がよく作る「白いノート」のケーキ。
パーティーの出席者がいろいろ書き込んだり
して楽しみます。

　ロンドンでたびたび感じたことの一つが、大人の男性もとてもケーキがお好きだということ。それも甘いものがお好みのようです。ですから、男性のお誕生日祝いのケーキによく登場するのがこの"ノベルティーケーキ"。その日の主役の趣味に合わせたケーキで祝います。

　たとえば、サッカーの好きな人にはこんなケーキで盛り上がります。

　ロンドン一といわれているデパート「ハロッズ」の食品売り場にも素晴らしい作品が並んでいて、よく観光気分で見にいったものです。

サッカーのケーキ

5 美味しいイギリス料理は家庭にあり

2007/4/4号

　新学期が始まり、ぴかぴかの１年生、慣れない制服姿が初々しい中学生、また、スーツ姿もまぶしい新社会人たち。息子たちが巣立ってからも、この時期には「皆さん、頑張ってね！」と新鮮な気分のおすそ分けをいただいています。

　今回はロンドンで通っていた「料理教室」のお話から……。
　とその前に。
　前回、お菓子のコースのお話をしたのですが、数人の友人から「あなたの英語力で大丈夫だったの？」という心優しい？　質問がありました。日常会話がどうやらという英語力ですから大丈夫というわけではないのですが、そこは主婦の強み。そしてケーキや料理は日本でも学んだことですから……。むしろ英語得意の若い女性が専門用語に戸惑っていて私が通訳したことも。（えへん！）
　ただ、困ったのが休憩時間、楽しそうな雑談にはお手上げでした。時々、親切な方が、「KYOKO、理解できる？　今、私たちは○○○の話をしているのよ」と声をかけてくださるのです。そんなときは「どうぞ、ご心配なく、私なりに楽しんでいますので、ありがとう」と。
　私の住んでいた地域（ロンドン郊外、ハムステッド）のコミュニティ会館の料理クラスは大体10人くらいで男女半々、毎週水曜日。
　日本の料理教室と大きく違うのは、まず、前回に配布されたレシピをよく読んで、材料を作りたい分だけ自分で準備していくのです。必要な器具、用具、できあがった料理を持ち帰る容器ももちろん自分で持っていくのです。
　先生は中年の女性でしたが、生徒は親しみを込めて"アン"と

"English full breakfast"
「美味しいイギリス料理が食べたいなら一日に三度朝食を」（バーナード・ショウ）。

ファーストネームで呼んでいました。先生の説明を聞いてそれぞれに仕上げ、それを持ち帰るのです。先生も自分の分を作り、お持ち帰り。味を確かめたい私はある日、勇気を出して「味見させてください」と。忘れもしません。そのときのアン。
「うーん、これ我が家の夕食なのよ。ほんの少しだけね」と、ほかの人に内緒でシチューをティースプーンに一杯だけ食べさせてくれました。合理的というのでしょうか？　誰も味見したいと言わないのも不思議でした。日本の料理教室のように皆で一緒に作るとか、食べるという楽しみはないのです。

　でも、いつも私に優しく接してくれた"スーザン"が持ってくる年季の入った料理器具、おなべや布巾など、とても魅力的でした。ビッグファミリーなので毎回山のように材料を持ち込み、手際よく仕上げていたセバスチャンは、まるで映画スターのように素敵な青年でした。一緒に住んでいるボーイフレンドの話ばかりしていたジャネットからも、ロンドンっ子気質を学ぶことができました。そこにはイギリスの生活がありました。庶民の文化に触れることができました。

　今回は、そんな雰囲気の中で学んだ"Shepherd's Pie"（シェパーズパイ）をご紹介します。巣立った子どもがいちばん食べたいと思うお母さんの料理ナンバー１ということでしたから。

シェパーズパイ（羊飼いのパイ）

英国のお袋の味。

　日本では、ラム（子羊の肉）は入手しにくく値段も高いので、牛肉や豚肉で作ることをおすすめします。その場合は、コテージパイ（田舎家のパイ）というそうです。

　付け合わせには、ゆでたグリーンピースのバターソテー、黒こしょうでピリッと味をつけたもの、サラダはパリッとした食感のグリーンサラダなどいかがでしょうか？

【材料】（長さ25cm×深さ5cmのオーブン皿1個分）

●フィリング
- ラムまたは牛ひき肉……500g
- たまねぎ……中1個　※みじん切り
- にんじん……小1本　※あらみじん
- セロリ……小1本　※あらみじん
- スープストック……200cc
- ウスターソース……大さじ2
- ベイリーフ……1枚
- 塩、黒こしょう……少々
- サラダ油……適宜

●マッシュポテト
- じゃがいも……600g
- 牛乳……100cc
- バター……50g
- 塩、こしょう……適宜

【作り方】

◇マッシュポテト

① じゃがいもを電子レンジに12分かけ、熱いうちに皮をむいてつぶし、バターと温めた牛乳を加え、塩、こしょうで味をととのえる。

◇フィリング
① フライパンを熱し、サラダ油大さじ2で野菜と肉をいためる。スープ、ウスターソースを加え、オーブン皿に移す。
② 表面を平らにして、マッシュポテトをのせ、200度のオーブンで20分ぐらい。美味しそうな焼き色をつける。

参考：パイとは深皿にパイ皮を敷き、その中に肉、野菜、果物などを詰めてオーブンで焼いたもの。パイ皮はふつう小麦粉とバターを混ぜ合わせて作るが、シェパーズパイのようにマッシュポテトを使うものもある。

デザートは"シェリートライフル"

イギリスでいちばんポピュラーなデザート。

　スポンジケーキ（イギリスでは、専用のスポンジも売っている）、カスタードクリーム、生クリーム、フルーツ、そしてたっぷりのシェリー酒とよーく冷やすことが決め手のデザートです。
　大きなガラスボールに作り、そのまま食卓へ、あるいは一人ずつのグラスに盛りつけてもオシャレ。数十人のパーティーで、大きなフルーツポンチ鉢でドーンと出して大いに楽しんだこともあります。

　ちなみに、見てよし、食べてよし、作るのも簡単と三拍子そろった私のお気に入りのトライフル（TRIFLE）が、「つまらないもの」「ささいなもの」という意味なのはどうして？　長年の「？」です。もしご存じの方がいらっしゃれば教えてください。

ファーストフラッシュの季節ですよー

2007/5/2号

　新緑の美しい季節を迎えました。
　ゴールデンウィークのころ、tea lover（紅茶愛好家・一日に六杯以上飲む人）たちの間で挨拶代わりに交わされるのが「今年のファーストフラッシュもう飲んだ？」「どんな感じ？」という会話です。
　でも、巷ではまだまだ知名度は低く、「ファーストって？」「紅茶にも新茶なんてあるの？」という声も聞かれます。

——ファーストフラッシュとは？

　ダージリンなど、冬に茶摘みができない産地で、春に摘み取る最初の茶葉のことをいいます。
　一般的には3月下旬から4月にかけて摘み取られる、ダージリンの一番摘み茶を指します。外観は緑葉が多く見られ、フレッシュで若々しい強い香味があり、水色（カップに注いだ紅茶の色）は淡いオレンジ色で、初夏の息吹を感じさせるところなど、感覚的には日本の新茶と似ています。

——おすすめのポイントは？

　何よりもフレッシュな香りがするものがおすすめです。飲んだ後、いつまでも口の中にふわっとした紅茶の後味が残ると最高です。

　さて、私のファーストフラッシュの楽しみ方をご紹介します。
　まず、専門店おすすめの茶園を少量（30gから買えます）ずつ購入し、丁寧に楽しみます。最後に英国の「フォートナム＆メイソン」の木箱入りが届きます。ブレンダーによってブレンドされるので、間

違いなく美味しいものです。そして木箱を年代順に並べてみると、あれこれと思い出がよみがえって……。

たとえば、木箱のふたの留め金が壊れていた年がありました。早速、写真を添えてクレームの手紙を出したところ、すぐにロンドンから丁重なるお返事が。「……の件につきご迷惑をかけて申し訳ない。店頭にご持参くだされば新しい箱と取り替えます」ですって！　また、木箱の意匠が変わる変遷を見るのも楽しみの一つです。

歴史的なティークリッパーレース

　17世紀の中ごろにイギリスに入ってきた紅茶。貴族、上流階級の飲み物だった紅茶が国民の飲み物となるまでには、200年の年月を要しました。ヴィクトリア時代の中ごろには、ビッグベン（国会議事堂の大時計の通称）が5時の時報を打つとイギリスじゅうのやかんがチンチンとお湯を沸かすほどに、紅茶が国民に愛される飲み物になったのです。

　当然新茶は待ち焦がれられ、ロンドンの紅茶業者は、その年にできた中国の新茶を最初にロンドンに運んだ高速船（ティークリッパー）に賞金を出して競わせました。賭け事の好きなロンドンっ子たちはこのレースに夢中になったとか。1860年代は、イギリスのティークリッパーレースの黄金時代でした。

　歴史に残るレースは1866年、中国の福州（フウチョウ）を出港した11隻のティークリッパー。いずれも重量80万〜120万ポンド（約362〜544トン）の紅茶を積んで……。

レースはアフリカの喜望峰を過ぎ、セントヘレナ島を通過したころから「エアリアル」と「テーピン」の熾烈な首位争いとなり、99日の全行程の最終日には「エアリアル」の後方にぴったりと「テーピン」がくっついていました。

「エアリアル」の船長は抜かれるのではないかと不安でたまりませんでした。事実、テムズ川のヴィクトリア・ドックに最初に入り、新茶を先に揚げたのは「テーピン」でした。しかし、テムズ川まで首位を保ってきたのは「エアリアル」。この2隻の運命を分けたのは、タグ・ボート（水先案内船）。「エアリアル」は不幸にも、性能の悪いタグ・ボートに曳かれ、「テーピン」に首位を譲ることに。その差わずかに10分でした。

　福州からロンドンまでの航海に要した日数は99日間、その差が10分とはレースの熾烈さが想像にかたくありません。

　そして、このレースにはこんな後日談が……。

　このとき「テーピン」の船長が手にした100ポンドの賞金は、「エアリアル」との間で折半されたといいます。いかにも紳士の国らしいと思いませんか？

> 参考：　2007年5月21日、世界で唯一現存している大型高速帆船「カティサーク」が火災にあいました。一般的にはウィスキーの銘柄としてよく知られている「カティサーク」ですが、50年前からロンドン南東のテムズ川沿いの「グリニッチ」で保存展示されていて、ロンドンの観光名所の一つです。きっと訪れた方もいらっしゃるでしょう。
> 　かねてより修復中だったため、船内の美術工芸品の半分は別の場所で保存されていて被害を免れたとか。いずれにしても無事、復元されることを祈るのみです。

茶畑讃菓

～可憐な茶摘み女をウサギに託してデコレーション～

　ファーストフラッシュにこんなケーキはいかがでしょう。ティーインストラクターの研修中に静岡の茶畑を初めて訪ねた日の印象をケーキにしてみました。

【材料】　抹茶風味スポンジケーキ（28cm×24cm）

- 卵……3個
- グラニュー糖……70g
- 小麦粉……40g
- コーンスターチ……30g
- 抹茶……3～4g
- 小倉あずき……小1缶
- ゼラチン……4g
- 水……大さじ2　※湯せん
- 生クリーム……100cc
- マジパン〔デコレーション用〕……適宜

【作り方】
① ボウルに卵と砂糖を入れ、生地で線が書ける程度まで泡立てる。
② 粉類を合わせて①にふるい入れ、混ぜ合わせる。
③ 天板に紙を敷き、②を流し入れ、180度のオーブンで約10分焼く。網に取り出し天板をかぶせて蒸らす［ソフトなスポンジに］。
④ 湯せんで溶かしたゼラチンをあずき缶の中に注ぎ、水分を固める。
⑤ 冷めたスポンジに8分立ての生クリームを平均に塗り、半分に切る。
⑥ 1枚にあずきを塗り、重ね合わす。
⑦ 表面に抹茶をふりかけ、好みのデコレーションをして仕上げる。

イギリスの初夏は戸外で……
～花と緑に囲まれて～

2007/6/6号

M家のガーデンで朝食会

ウェストディーンガーデン（サセックス州）
花咲き乱れて。

　6月から7月にかけてのヨーロッパは、薔薇をはじめ、あらゆる花々が一度に咲き乱れ、一年じゅうでいちばん美しい季節を迎えます。その様子は、6月に行われるという「女神ジュノンの祭典（ローマ神話）」とあわせて、ジューンブライドは幸せになるという言い伝えが十分納得できます。早い秋の訪れまでの間に、人々はできるかぎり戸外の生活を楽しむため、庭にテーブルを出し、お茶はもちろん食事も楽しみます。

イギリスの初夏の最大のイベントは なんといっても「ウィンブルドン」

観覧席で屋根があるのは センターコートだけ。

　下手の横好きの域を出ないテニスおばさんの私ですが、ウィンブルドンは憧れでした。
　英語のレッスンの2回目（冬でした）にウィンブルドンテニス大会のセンターコートのチケットのとり方を質問しました。
　2月にオール・イングランド・ローンテニスクラブに小切手を同封して希望日を申し込み、抽選の上チケットが送られてきます。もちろん全滅の年もありましたが、テニス仲間同士でやりくり（はずれを見越して申し込んだら全部当たった、など）。毎年大いに楽しみました。といってもチケット代は結構高いので、安く観戦するこんな方法も知りました。
　当日の午後、学校を終えた息子を連れてスタジアムへ。すでに見終わって帰った人のチケットが1ポンド（当時450円くらい）で買えるのです。センターコート以外はどこでも自由に出入りできるので、お目当ての選手を求めてあちこちのコートをのぞいたものでした。
　一度だけご招待を受けたことがあります。場外のテントの中でのランチ付き。10人くらいがテーブルを囲み和やかに。確かサーモンの冷製がメインディッシュ、デザートはもちろん「ウィンブルドン」名物のストロベリー。
　食事の後、それぞれ観戦席に案内され試合を堪能していると、3時には「お茶の時間ですよ」と呼びにこられて、またテントに戻って"a nice cup of tea"、私などは試合が見たくてうずうず。まあ、何とも優雅な経験でした。

ウィンブルドン名物のストロベリーと生クリーム

ウィンブルドン期間限定の紅茶

　それにしても、観客は初老のご夫婦や年配の方が多いのもとても印象的でした。

ご婦人の帽子でつとに有名な「アスコット競馬」

女王様（代理）のご来場。
アスコット競馬場にて。

女王様の馬に投資したけれど。

　イギリスでの生活にも慣れてくると、ちょっと行ってみましょうか？　と奥様たちと。

なにしろ、映画『マイ・フェア・レディ』のオードリー・ヘップバーンの印象があまりにも鮮明で……。「着ていくものは？」「何で行くの？」「車？」「列車もいいわねー」と大騒ぎ！
　とにかく「帽子だけはかぶっていきましょう」ということで、お仲間のベンツでまいりました。アスコットに近づくにつれて、右も左もロールスロイスやジャガーのオンパレード、我が家の車でなくてよかったと心から思ったことを今でもはっきり覚えています。あいにくの小雨模様でしたが、予想以上の華やかさ、まさに紳士、淑女の社交場。
　馬券？　もちろん買いました。残念ながら女王様（クイーン・エリザベス２世）の馬は負けましたが、いろいろ買っていたお友達が当てて？　チョコレートの分け前にあずかりました。
　一日だけイギリスの上流社会を垣間見た貴重な体験です。

夏・おすすめのアイスティー
〜オンザロック方式でいれましょう〜

2007/7/4 号

フルーツセパレートティーとアイスロイヤル（レシピはp.34）

　梅雨が明ければいよいよ本格的な夏の到来です。
　今回は、夏を元気に乗り切るためのアイスティーをご紹介します。「アイスティー」といいますと「あれは邪道、紅茶はやっぱりホットでなくては……」とおっしゃる方、案外多いのです。
　実は、私もかつてはそうでした。12年前に紅茶を学び始め、研修で美味しいアイスティーに出会うまでは。
　それが今では、「夏はやっぱりアイスティー」と皆様におすすめしています。湿気の多い日本の夏にはぴったりのドリンクだと思います。今回は、基本のアイスティーと素敵なバリエーションを二つご紹介します。

「アイスティー」の美味しいいれ方

　氷を使っていれるオンザロック方式。急激に冷やすことで味、香りを損なわない。これがオンザロック方式の素晴らしいところです。

【材料】（200ccのカップ3杯分）
・茶葉……ティーバッグ3袋　※ティーバッグ1袋で1カップ
・熱湯……300cc　※通常の半量
・氷……グラス3個分

【いれ方】
① まず美味しい紅茶を2倍の濃さでいれます。
　　（グラス中の氷が溶けるのでお湯の量は半分）
② グラスに氷をいっぱいに入れた上から8分目まで紅茶を注ぎ、
　　ミントを飾る。

参考：＜アイスティーに適した茶葉＞
　　　タンニンの含有量が少ないニルギリ、キャンディ、アールグレイなどがおすすめ。
　　　ダージリン、アッサムなどは不向き。

バリエーションのご紹介

フルーツセパレートティー

ポイント……紅茶とジュースの比重の差を利用して二層に分けるので、紅茶に十分の甘味をつけること。

【作り方】
通常の2倍の濃さ、3倍の甘味をつけた紅茶を、氷を詰めたグラスに2/3注ぎ、上から氷に当てるようにグレープフルーツジュースを注ぎ、カットしたグレープフルーツを飾る。

アイスロイヤル

【作り方】
上記のグレープフルーツジュースに代えて牛乳を注ぎ、ミントを飾る。

おすすめチャチャットパイ

簡単にチャチャッとおしゃべりしながら……。

【材料】
・市販のパイシート……300g
・（A）粉パルメザンチーズ
・（B）グラニュー糖
・（C）ミックスハーブ……適宜
・（D）チョコレート　※湯せんで溶かす

【作り方】
① 凍ったままのパイシートをカットし4つに分けて天板に並べ、それぞれにA・B・Cをふりかけ、Dは焼き上がってからのせる。
② 180度のオーブンで約10分焼く。

ところで「アイスティー」のルーツは？

　時は1904年、今から約100年前、アメリカのセントルイス万国博覧会でイギリスの紅茶商人リチャード・ブレチンデンがインドの紅茶生産者に雇われて、インド産の紅茶の普及に努めていたのですが（当時、アメリカで飲まれていたのは中国産）、あいにくアメリカ中西部のセントルイスの夏はいつものように焼けつくような暑さ。ブレチンデンが「インド紅茶！　インド紅茶！」と叫んでも見向きもされなかったようです。

　彼はやけになってグラスに紅茶を注ぎ、氷を加えたとか。この試みは大成功。ここにアメリカの新しい飲み物「アイスティー」が誕生しました。

　ちなみに、「ハンバーガー」もこの万博で誕生したものだそうです。

パリのマリアージュ・フレール本店で

　6月上旬、フランスのブルゴーニュ地方を巡ってきました。
　のんびりとロマネスクの教会に立ち寄りながら、美味しい料理とワインには満足の日々でしたが、紅茶に関してはあきらめていました。なんといってもフランスはコーヒーの国ですもの。
　ところが、神は見捨てず……。
　最後に泊まったパリのホテルが、なんとマリアージュ・フレール本

店から歩いて3分。

　聞きしに勝る東洋志向。お茶を買いにいらした素敵なマダムたちも緑茶を求める方が多いのを確認。鉄瓶はポットとして使われているそうです。内部はもちろんコーティングしてあるそうですが……。

　いずれにしても悪い気持ちはしないマリアージュ・フレール本店見学でした。ちなみに、スコーン2個とポットティーで17ユーロ（1ユーロ＝168円　※当時）でした。

夏が来れば思い出す
～親離れ・子離れのきっかけは～

2007/8/1号

ミレニアム（2000年）につくられた世界最大の観覧車「ロンドン・アイ」から見下ろす、テムズ川とビッグベン（国会議事堂）。

　海外生活の楽しみの一つは"Holiday"（ホリデー）です。特に、夏でも太陽が少ないイギリスでは、人々は太陽を求めてフランス、スペイン、イギリス国内の南の方へ長期間移り住みます。友人のジャネットは毎年実家のコーンウォールへ、お向かいのジョンさんはスペインの親戚のところへ、右隣のスミスさんは今年は節約したいのでとキャンピングカーをレンタルして総勢6人わいわいと出かけました。

　「夏休みはどこへ？」とたびたび聞かれて、そんな習慣のない私たちも、郷に入っては郷に従え。"Holiday"の楽しさを知ると、ヨーロッパの歴史や文化好きな私たちは貪欲にヨーロッパを巡り始めました。

　迷惑なのは、世界史などまだ学んでいない小学生の息子たち。「行きたくない」と言い出したのです。息子たちの希望は滞在型ホリデー。親の好みでアチコチ連れ回され……「これ、すごーく有名なのよ、よく見ておきなさい」だの、「お母さん、この絵にずーっと憧れていたのよ、子どものときからこんなよいものに触れてあなたたちラッキーよ」なんて言われても……というわけで、友人のジャネットに相談。我が家が選択したのは、「親は親の楽しみ、子どもたちは彼らの楽しみを得るべき」との彼女のアドバイスで、「バートン・チルドレ

ンズ・ホリデー」への参加でした。

バートン・チルドレンズ・ホリデー

遠足で訪れた中世の街並み

子どもたちの大好きな Maze（迷路）

　ロンドンの南西部で夏休み中空いているボーディングスクール（全寮制の学校）の施設を利用して、幼少年を集めてキャンプ生活を体験させる民間企業の一つ。内容は、乗馬、テニス、水泳、etc……。外国人のための英語クラスもあり、遠足で観光地を訪れ、英国歴史にも触れ、近くの街へのショッピングツアーもあります。ジャネット

2週間を過ごした寄宿舎の前、バートンのTシャツを着て。

のフランスに住む従妹はこのキャンプに参加して英語をマスターしたとか。小学校が会場なので、運動用具には事欠かず、寝泊まりも質素ではありますが清潔でした。

　2週間を過ごした子どもたちの感想は、親が期待するほどのものではありませんでしたが、3年続けて参加したのだからまあ、楽しかったのでしょう。ただ、1年目はかなりつらかったようです。当時の私の「暮らしのメモ」に「キャンプのT（長男）からの葉書が届く。ちょっと切ない」と記されています。そして、葉書には「ぼくたち確

かに元気だけど、何だか暇で暇でしようがないです。日本人の男はぼくとH（次男）だけ。勝手に遊べという感じ。まだテニスレッスンもありません。今日は2日目、これから面白くなることを願っています」と。

　そして、その年のクリスマスカードの中に息子宛に届いたフランスからの2枚を見つけたとき、キャンプで過ごした息子たちの夏が少し見えた気がしました。

　ともかく、イギリスの夏は短い。8月の中旬ともなると秋風が立ち始め、残暑厳しい折からなどという言葉とは無縁です。でもここは日本。暑さを乗りきるゼリーをご紹介します。子どもたちとわいわい作ってみてください。

「モザイクゼリー」
左から（A）（B）（C）。

ゼリーバリエーション

モザイクゼリー

【材料と作り方】
（A）・市販のゼリー……2種類以上　※1cm角切り
　　　・冷たい牛乳……適宜
＊グラスにゼリーを入れて、上から牛乳を注ぐ。

（B）・フルーツ缶詰……1個　※果肉1cm角切り
　　　・缶シロップ……200cc
　　　・ゼラチン……8g
＊シロップを60度くらいに温め、ゼラチンを溶かす。
　グラスにフルーツを入れ、シロップを注ぐ。

（C）・コーヒー……200cc
　　　・砂糖……40g　　　　　　　
　　　・ゼラチン……10g　）※混ぜておく
　　　・コーヒーリキュール……大さじ3
（D）・水……200cc
　　　・砂糖……50g
　　　・ゼラチン……10g　）※混ぜておく
　　　・ミントリキュール……大さじ3
＊（C）（D）ともに砂糖とゼラチンを混ぜてから、コーヒーまたは水を入れ、火にかけて溶かす。あら熱がとれたら、リキュールを加えて混ぜる。流し箱に流し入れ、冷蔵庫で冷やし固め、1cm角切りにしてグラスに彩りよく入れ、上からシロップなどを注ぐ。

注：ゼラチンはふやかす手間がいらない粉末タイプを使用しました。

紅茶の生産国を訪ねて
〜スリランカが好き！〜

2007/9/5号

満開のジャカランダの下で。
時はゆっくり……。

「インド洋の真珠」「翡翠色の輝き」「琥珀色のたゆたい」などなど、スリランカへのお誘いキャッチフレーズはなんて魅力的なのでしょう。

1948年、イギリス連邦内の自治領セイロンとして独立、1972年に共和国となって、国名がシンハラ語のスリランカ〈光り輝く〉に改称された後も紅茶に関してはセイロンが使われているので、年配の方の中には「スリランカ？　アア昔のセイロンね」ということも……。

12年前、紅茶を学び始めていろいろなことを知るにつけ、どうしても紅茶の生産国に行ってみたくなり、料理研究家の友人が企画した『スリランカでカレーを習おう』というツアーに参加しました。

スリランカ行きの飛行機は若者たちで満員なのに驚きましたが、そのほとんどは、モルジブへ潜りにいく人たち。空港に降り立ったのは私たち一行8名だけでした。

翌日から私たちは精力的に「カレー」に取り組みました。なにしろ旅のテーマですから。

高校の先生のお宅のキッチンで、コロンボ一美味しいと評判のお店の厨房で、日本のカレーとの違いに驚きながら……。

アーユーポーアン

肉カレー、魚カレー、レバーカレー、
豆カレー、野菜カレー

カレーパーティー

　コロンボに滞在中、言葉が通じないのにある種の居心地のよさに気がついたのです。「アーユーポーアン」という言葉でした。今日も一日健やかにというような意味だそうですが、ホテルでの朝食のときも街で出会う人たちとも「アーユーポーアン」と交わすたびに微笑が返ってきます。そしてその微笑がまた、素晴らしいのです。
　ある日のレストランでの食事中のこと、周りのテーブルからの温かい視線を感じ、「何？」と問いかけると、皆さんが口々に「おしん」「おしん」と言いながら私を指差すのです。私がその日着ていたTシャツは胸の部分にOSEANのロゴが。
　通訳の青年が話してくれました。
　今（12年前）、スリランカのテレビで日本のドラマ『おしん』が放映されていて大人気だと。通訳のO君のお母さんも、彼の結婚相手に『おしん』のような日本人を望んでいらっしゃるとか。思わずわれわれ中年女性全員で、「今の日本におしんはいませーん」と。もちろん「アーユーポーアン」でお別れしました。懐かしい思い出です。

サリー

左：木綿のサリーを着たエア・ランカのフライトアテンダント。
右：「アーユーポーアン」のポーズ（教室のお嬢さんたち）。

　民族衣装のサリーにもとても興味がありましたが、街ではほとんど見かけることがありません。聞いてみると、日本の着物と同じような事情です。
　ところがラッキーなことに、旅の途中にホテルで結婚式に出会い、化粧室で素晴らしいサリーを着用したご婦人たちを拝見することができました。うわさに聞く金銀の刺繍や縁飾り、ばっちりのお化粧と、豪華極まりないアクセサリー（スリランカは宝石も有名）に思わず見とれてしまいました。写真を撮らせていただきたかったのですが……。

茶園へ

左：長い棒を担いで何に使うのかしら？
（セイロンティーのパンフレットより）
右：茶葉を摘む目安になる棒

　憧れの茶畑ですが、私にはどうしても確かめたいことがありました。2枚の写真、比べてみてください。すべて解決しました。
　茶摘みの女性たちは、急な斜面で、大地をしっかり踏みしめ、各自で持参し

た「棒」を使って若い芽を摘んでいくのです。頭にくくりつけたかごに、10キロになるまで茶木の海を泳ぐように、見学者にもにこやかな笑顔を返しながら。

　紅茶の一般的なイメージといえば、優雅な英国のアフターヌーンティーに美しい陶磁器やシルバーのポットなど、華やかさが前面に出ることが多いのですが、この茶摘み風景に接して、また、その後、紅茶のできるまでの工程を見学して、私の紅茶のイメージは大きく変わりました。美味しい紅茶ができるまでにいかに多くの人たちに支えられているかを目の当たりにして、一杯の紅茶を大切にしたい、いやしなければ、という気持ちが湧き上がってきたのです。

スランガニ基金

　覚えていらっしゃるでしょうか？　2004年の暮れのスマトラ沖大地震を。当時、多くの犠牲者が出たスリランカの事情を知るにつけ、一日も早い「復興、復旧」を願って何かせずにはいられなかった私は、近隣のティーインストラクターに呼びかけ、6名でチャリティー・ティー・パーティーを開きました。

　志を同じくする大勢のティーインストラクターの協力もあり、収益金は未来を担う「スランガニ基金」に届けることができました。ご縁が続き、その後もたびたび子どもたちの実情を知らせていただいております。子どもたちの澄んだきれいな瞳はいつでも元気を運んできてくれます。「スランガニ」は子どもという意味。支援してくださる方はホームページ〈http://www.surangani.org/jp/〉をぜひのぞいてください。

　秋風が立ち始めると紅茶が一段と美味しく感じられます。Have a nice cup of tea！

ご存じですか、紅茶の日
〜紅茶の日のルーツをたずねて〜

2007/10/3号

「秋は紅茶が一段と美味しいわねー、ティギー奥様！」
「本当に！ ところでジョセフィーン、いたずらっ子ピーターは元気？」

　例年より少々遅れて秋が始まりました。
　夏の間のティータイムは冷たい飲み物やゼリー類が主役。秋風が立ち始めると、「さあ、紅茶とケーキの出番だぞ！」とがぜん張り切る私です。
　「紅茶の日」ってご存じでしょうか？　秋のセミナーでは必ずおたずねしますが、紅茶愛好家の中では有名な「11月1日は紅茶の日」も一般的にはまだまだ認知度は低いようです。
　紅茶業界では11月1日を中心に数々の魅力的なイベントが繰り広げられます。新聞などでお知らせをご覧になったら、どうぞ参加なさってくださいね。

● 「紅茶の日」
──日本紅茶協会編『現代紅茶用語辞典』（柴田書店、1996年）より

　日本紅茶協会が定めた記念の日。例年11月1日に祝う。
　海難にあってロシアに漂着した日本人、伊勢の国（現在の三重県）の船主、大黒屋光太夫ほか2名は、ロシアに10年間滞在せざるを得なかった。帰国の許可を得るまでの辛苦の生活のなかで、ロシアの上流社会に普及しつつあったお茶会に招かれる幸運に恵まれた。とりわけ1791年の11月には女帝エカテリーナ2世にも接見の栄に浴し、茶会にも招かれたと考えられている。そこから、大黒屋光太夫が日本人として初めて外国での正式の茶会で紅茶を飲んだ人としてこの日が定められた。（1983年制定）

　大黒屋光太夫については井上靖著『おろしや国酔夢譚』や吉村昭著『大黒屋光太夫』など、本や映画でご存じの方もいらっしゃるでしょう。
　念願かなって5年前、エカテリーナ宮殿をたずね、このホールに足を踏み入れたときは、本当に感激でした。

紅茶の日の原点、光太夫がエカテリーナに謁見したホール。

美しく映えるキャンドル

　映画の場面がダブって、より想像力が増したようです。
　次の部屋に宴会の大テーブルが豪華にセットされていました。とりわけキャンドルの瞬きが印象的でした。歓声とため息の私たちにガイドのサーシャがこんなエピソードを話してくれました。
「この宮殿では火を使うことは厳禁ですから、『おろしや国酔夢譚』の撮影でキャンドルを使う許可はおりませんでした。そこで、撮影隊は日本の電気技術を駆使して、またたく電気キャンドルを作り上げました。そして撮影後には宮殿に寄付をしてくださったのです」と。
　日本人として誇らしい気分に浸るひとときでした。

サモワールをご存じですか？

　サモワールはロシア独特の湯沸かし器で、特に紅茶をいれるときに使われました。どんな風に使われたのでしょう？　濃い紅茶をいれて、サモワールのお湯でお好みの濃さにします。
　では、ロシアに紅茶が入ったのはいつのことでしょうか？　ピョートル１世（1672～1725）のころ、中国の清からといわれています。ロシアでは、古くから家庭団欒の象徴として用いられたようです。
　我が家でも、友人を迎えたときなど雰囲気を変えるために使ったりしています。

サモワール

芝生の上のティータイム 10 年
～英国で優雅な野外ティーに出会って～

2007/11/7 号

　初めての海外生活をロンドンでスタートさせて2ヶ月が過ぎたころ、海外生活大先輩の奥様にお茶に誘っていただきました。「日本では絶対に経験できないところへお連れするわ」と。

　ロンドン市内にあるハイドパークのサーペンタイン池のほとりでのティータイムは、私をとりこにしました。

　時は秋、公園の大きな樹木はほんのり色づき、池畔のテーブルには真っ白のクロス、美しいボーンチャイナの陶器たち、香り高い紅茶、ここはロンドン！　だと実感した日でした。

　帰国してからもこの思いは変わらず、「公園で優雅にお茶をしたい！」と願い続けていました。

　そんな折、我が家の近くに川崎市制60周年記念総合公園（王禅寺ふるさと公園）がオープンしたのです。

　「公園を考える会」の皆様のご尽力で自然をたっぷり残した素晴らしい公園です。まるでイギリスの公園みたいだと感激しました。

　なだらかな丘陵地帯、広々とした芝生広場、樹林の多いことも、清らかな水辺も、そして五つのテーブルたち……。

　1990年～1999年の10年間、公園を考える会の主催で毎年11月第3土曜日に「公園で遊ぼう！」が開催され、伝承遊びや和太鼓、餅つきなどの日本古来のものから、ゲーム遊び、未来探訪など種々のイベントが繰り広げられました。

　そんなイベントの一つに"芝生の上のTEA TIME"を加えていただき、毎年100～150人の方たちと素晴らしいときを共有することができました。大勢の方々との出会いがありました。

始まりは元気な和太鼓の響きから……。

ミスター・五十畑作のポスターは毎年大好評。

栗、葡萄、りんご、秋には美味しい材料がいっぱい。チョコレートは、いつでも、どこでも人気もの。

「ぼく、紅茶初めてです」とガールフレンドに連れてこられた（？）高校生。
「いやー、ケーキって女、子どもの食べるものだと思っていたけど、美味しいなー」ファミリーでいらした若いパパさん。
「公園でいただくお茶はどうしてこんなに美味しいのかしら？　フ・シ・ギ」と毎年いらしてくださったシニアの奥様グループ。
「年に一度ここでお会いするのが楽しみ！」「お元気？」と再会を喜ぶお仲間。

風の強い日はお湯を沸かすのも大変。

チケットにも成長のあとが……。

大勢の人たちと

　11時〜14時までの3時間の間に150人ぐらいのお客様。裏方も大忙しです。大勢のボランティアの応援があっての楽しい会でした。今でも秋、紅葉の季節が巡りくると、思い出して温かい気持ちになります。

　当日準備するケーキ類を前日に作るのも、大変に楽しい作業でした。モンブランは毎年最初に完売となりました。

　今回は、紅玉りんごの赤い皮がかわいいケーキをご紹介いたします。焼いたスポンジをひっくり返すと（アップサイドダウン）、真っ赤な皮のりんごが顔を出し、毎回「やった！」の気分になります。

アップサイドダウン・アップルケーキ

紅玉は、この季節にだけ味わえる、お菓子向きのりんごです。

【材料】（21センチ丸型、底がはずれるもの）
● スポンジ用
　・卵（L）……3個
　・砂糖、小麦粉……各80g
　・バニラオイル……適宜
・紅玉……1個　※芯をくり抜き、1cm厚さの輪切りにする。
・ラムレーズン……少々
・バター、砂糖、アプリコット（杏）ジャム……各少々

【作り方】
① 型に紙を敷き、バターを塗り、砂糖を全体にふり、りんご、ラムレーズンを敷き詰める。
② ボールに卵を割りほぐし、砂糖を加え、直火で熱して人肌くらいに温め、火からはずして冷めるまで泡立てる。
③ 生地が冷めてから小麦粉をふるい入れて切るように混ぜ、バニラオイル1～2滴を加える。焼き型に流し入れ、180度で25分焼く。
④ さかさまに取り出し、表面にアプリコティー（※）をして仕上げる。

※小さいなべにジャム、水少々を入れ、火にかけて煮詰めたソースを塗る。

13 魔女の家（ヘクセンハウス）
～お菓子の家への夢を追い続けて～

2007/12/5 号

"お菓子の家"見つけた！

お菓子の家「ヘクセンハウス（魔女の家）」

……家はパンで作られ、屋根は菓子でふいてあり……窓は、すきとおった砂糖でできているのでした。……「ぼくは、屋根を一きれちょうだいするよ。グレーテル、きみは、窓を食べてもいいよ。あまいぜ」

(グリム著、植田敏郎訳『ヘンゼルとグレーテル』新潮社、1967年　より)

　小学生のころ、グリム童話『ヘンゼルとグレーテル』のこんな場面に出会って以来、お菓子の家は私の憧れになりました。ロンドンで初めて迎えたクリスマス、きっとお菓子の家に出会えると期待をしていました。……が、どこにも見当たりません。

　思い切って、セルフリッジズというデパート（ロンドンの中心街にある）でたずねてみました。なぜって、そのデパートのショーウィンドウは、毎年クリスマスシーズンには子どものお話がテーマのディスプレイでしたから。その年は忘れもしません。ケネス・グレアムの"The

森の中で二人は魔女に出会い……。
ドキドキする場面。

Wind in the Willows"(『たのしい川べ』)でした。モグラたちがかわいくて、まだ小学生だった子どもたちと何度も見にいき、電気仕掛けのユーモアたっぷりの動きに見入ったものです。

にこやかな店員さんに教えていただき、手に入れたのがドイツ製のお菓子の家。屋根、壁、柵、煙突などのキットの詰め合わせセットでした。ボール紙の模型を作り、その上にクッキーを張りつけて……。近所のジャネット母子４人、我が家の３人で、英語、日本語が飛び交い大騒ぎでしたが、何とか１軒ずつ建てることができて大満足でした。

カルチャーショック！

クリスマスホリデーが終わって、ジャネットが我が家に訪ねてきた日、我が家にはまだ「お菓子の家」がありました。

彼女は驚いて、「京子、なぜ食べないの？」

私「だってせっかく作ったのにもったいないし。それに、ケースにも入ってないし、ホコリが……」ともごもご。

ジャネットいわく、「じゃーなぜお菓子で作るの？　食べるためでしょう。飾っておくだけならお菓子で作ることはないわ」とすごい勢い……。ショックでした。この経験は、後に製菓学校で数々の作品を作ったときの大いなる参考になりました。

例えば子どものバースデイケーキを作ったとき。あまりにカラフルな色づけに、我が家では子どもたちも敬遠気味。ちょうどイギリス人の友人の息子の誕生月だと覚えていたのでプレゼントしました。３日後、こんなお便りが……。

「京子、ロジャーのお誕生日、繰り上げて昨日マクドナルドでやりました。ポストマンのケーキに子どもたちは大喜びでした。心よりありがとう!」

20数年たった今でも、ロジャーは「ほら! あのときのポストマンのケーキの子」と呼ばれています。

ヘクセンハウスはレープクーヘンで作ります

ヘクセンハウスをイギリスの製菓学校で習ったとき、いろいろなことを知りました。

屋根の焼き菓子(翻訳者によっては「ケーキ」)は、ドイツではレープクーヘンのこと。「生命のお菓子」と呼ばれ、ハチミツたっぷりで小麦粉を練り、シナモンなどで香りをつけて型で抜き、焼き上げます。長持ちするかたい生地なので型崩れがなく、細工するのにも適しています。

レープクーヘンは、14世紀、ドイツのニュルンベルクが発祥の地。今でも法律で材料の配合が守られているとか。歴史を感じる話です。

ドイツ最古の焼き菓子として、普段は食べやすい丸や四角のクッキーとして親しまれていますが、クリスマスシーズンには家の形に作られてお菓子屋さんの店先に並ぶようです。

「私のママは生地から作っていたけど、今のお母さんたち皆、買ってるよ」とは、新百合ケ丘の友人の家にホームステイをしていたドイツ人のお嬢さんから聞いた話です。

クリスマス休暇をドイツで過ごした折、ミュンヘンで見つけた大きな魔女の家は、街一番のデパートの正面入り口に飾ってありました。やっぱりここはグリム兄弟の国だと感激したものです。

森の中を表現して。

1988年から毎年、1995年からは2年ごとに。合計何軒建ったかな？

レープクーヘンで作ったゆりがおか児童図書館（川崎市麻生区）。開館日を再現（15周年記念に）。

　製菓学校で習ったものは大きくて作るのも食べるのも大変なので、帰国後、もっと手軽に誰でも簡単に作れるものを、と飾り用のケースから寸法を起こしたものが、私の「お菓子の家」。魔女の代わりにサンタさんを登場させるのが私流です。我が家では、約1ヵ月間飾って楽しんだ後、クリスマスの最後の日（1月6日）に食すのが恒例となっています。もちろん、サンタさんは12月25日には姿を消しています。
　子どもたちが成長してからは、「お菓子の家・クリスマスバージョン」をゆりがおか児童図書館（※2013年閉館）で若いお母さんたちと一緒に作っています。
「ぼくの家、煙突がないんだけど……」
「大丈夫。サンタさんはドアから入ってくるわ」
　今年のサンタさんはなぜか亡き渋谷館長に似ています。渋谷館長はゆりがおか児童図書館が30年を迎えた昨年、天国に召されましたが、毎年サンタに変装して（？）子どもたちにプレゼントを配ってくださいました。

　18cm×18cmのケースに入る小さなかわいいお菓子の家です。クッキーが焼ければ、どなたでも作れます。お子さんやお孫さんのため、また、あなたご自身のために作ってみませんか？

14　ハウステンボスのクリスマス

2008/1/2 号

どこから見ても美しいランドマークタワー

大きなツリーの下で「光浴」を
楽しむ子どもたち

今年のテーマは
「光の癒し力」

　よしこさん　ご無沙汰しておりますがお元気ですか？
　私、今、ハウステンボスのクリスマスの真っただ中にいます。窓の外は写真のような情景、まるで夢のようです。イルミネーションが大好きな私たち、今年もクリスマスツアーをしましょうね、と約束していましたのに私だけが素敵なところに来て、チョッと後ろめたくお便りを書くことにしました。
　「どうして？」「あなたがハウステンボスに？」というあなたの声が聞こえてきそうです。

まあ、聞いてください。私が「お菓子の家」作りが大好きなのはご存じですよね。地域の児童図書館や私の教室でクリスマスシーズンには大勢のお母さんたちと「お菓子の家」を楽しんできました。あなたも体験者でしたね。
　ゆりがおか児童図書館で10年以上一緒に活動してきた、河野勢子さんが佐世保にお引っ越しされたのが３年前。私以上にクリスマス大好き！　お菓子の家大好きな彼女が佐世保でも着実に活動を広め、今年はハウステンボスで「お菓子の家」講習会を開きました。今年創立15周年を迎えるハウステンボスがこんな素敵なイベントを企画し、九州地域のハウステンボスの会員に呼びかけてくれたのです。
　――「お菓子の家、飾りつけ体験」参加者募集！――
　河野さんが推薦してくださり、私が講師を務めたというわけです。
　この企画は大人気で、お菓子の家作りに参加したい家族から続々と熱いレターが届いたようです。
　ケーキ屋さんのショーケースに飾られているのを見て以来、作りたい！　と願ってやまないという母娘さん。
　お菓子の家、太るのが心配だけど１回は作ってみたいと、10歳の女の子。
　大好きなハウステンボスで大好きな家族と大好きなクリスマスに大好きなお菓子の家をぜひ！　と家族代表のお母さんから。
　「お菓子の家」と聞くといまだにわくわくするという若いお父さんからは、愛する妻と娘と一緒に絶対参加したい！　と子どものころからの熱い想いが満載のお便りが。
　便箋いっぱいに大好きなお菓子を書いてくれた男の子。
　お菓子作りは経験不足だけれど家族で力を合わせてチャレンジしたい！　などなど……。
　多数の応募者から幸運にも選ばれた10家族、35人。当日一人の欠席もなくチームワークばっちりで見事に時間内に「自分たちのお菓子の家」を完成させましたよ。

ヘクセンハウス（お菓子の店の名）「ヘンゼルとグレーテルのコーナー」で。今回のイベント代表の河野さんと。

スタッフにより準備された組み立てキット。パーツは26個。

　今回、とても感心したことがあります。
　今までの経験ですと、講師が作った見本の「お菓子の家」に影響され、結果、似たようなものになりがちなのですが、今回は、誰も見本を見ることなく、家族で相談しながら着々と作り上げていく様子はチョッと感動ものでした。どの家族も自分たちの創りたい家がちゃんとあったのね。
　最初、ニコニコと子どもたちに任せていたお父さんが最後には仁王立ちで頑張ったり、幼い兄弟をひっぱっている頼もしいお兄ちゃんがいたり、会場は創作する楽しさに満ちていました。
　もちろん、それには河野さんをはじめ、スタッフの方たちの見事なサポートがあってのこと。1回きりの講習会、初めての講習会では用意周到な準備は本当に大切なことですものね。
　最初の挨拶で、皆さんのお家のクリスマスツリーのいちばん上（トップ）に付いているものは何ですか？　の問いに元気よく「お星様」と答えてくれたてっぺい君。
　そうね、「お星様はイエスの来る知らせ」、「キャンドルは神様の言葉」、「ベルは歓びの声」そして「ブッシュは幸福が来る知らせ、だからクリスマスには薪を燃やして……」と話しているうちに、初めての

会場でチョッと緊張していた私もすっかりリラックスして2時間、楽しい時間を過ごさせていただきました。絵付けがとても上手なみなみちゃん。思わずパチリ。「来年の参考にさせて貰っていい？」にっこり頷いてくれました。

ハウステンボスの会場に飾られた「お菓子の家」の数々。

　今回できあがった10軒の「お菓子の家」は25日までハウステンボスの会場に飾られ、皆さんに見ていただき、26日に制作した家族の手に戻るそうです。

　皆さんがどんな順番で崩して食べるのかしらとすごく興味があります。その様子をそっとのぞきにいきたいくらいです。思いがけなく素敵な会に呼んでいただいて今年一番のクリスマスプレゼントをいただいた気分の私です。

　初めて訪れたハウステンボスで今回はクリスマス風景を満喫しましたが、春はチューリップが見事とか。

　また訪れることができたらいいなーと願いつつ。ハウステンボスのホームページを一度ご覧ください。

※イベントの内容は、本記事執筆時（2007年12月）のものです。

ハウステンボス （長崎・佐世保市）

ヨーロッパの街並みを再現した日本最大級のテーマパーク。街には季節の花や光、ゲームや音楽が一年中あふれ、家族三世代で一日中楽しむことができる。

©ハウステンボス／J-16726

15 「クイーン・エリザベス2」クルージング

2008/2/25号〜2008/4/16号

まさに海の貴婦人

　昨年の夏のこと、クイーン・エリザベス2（QE2）が引退するというニュースを耳にしました。この数年、クルージングは人気があり情報もたくさんあります。
　父親が船会社勤務でしたから、子どものころ、神戸港に客船を見学にいき、船長さんのお話を聞く機会もありました。私の海外好きはこのころ、身に付いたものかと思います。
　老後、のんびりクルージングもいいなー……。でも、QE2が引退！となれば話は別。我が家にとっては特別な船なのですから。
　結婚した年にQE2は着工。1年後、長男誕生の年に進水式、2年後の次男が生まれた1969年に就航したのです。いつかQE2に乗りましょうと私たち夫婦は話していました。

■我が愛する「クイーン・エリザベス２」のご紹介　(※本記事執筆時)
・約７万トン／全長約 300 m／乗客数 1800 人／乗組員数 1017 人
・今回の乗客：９割がイギリス人／日本人 120 人（通常は 10 人未満とか）／
　　　　　　欧米人 60 人
・乗組員：イギリス人 130 人／フィリピン人 473 人／インド人 70 人／
　　　　　欧米人 130 人

そしてこんなお誘いに……

赤いエントツがチャームポイント

——1967 年 9 月 20 日　ファンファーレが鳴り響く中、歓喜に沸く群衆に見守られ「QE2」は女王陛下の手により進水されました。以来、英国の伝統と気品を誇る「世界でもっとも有名な豪華客船」として世界各国のロイヤルファミリーや著名人、多くの船旅愛好家をお迎えしています。今年 40 周年を記念して英国では華やかな祝典が催されています。

日本のお客様向けにも特別クルーズをご用意いたしました。ぜひ、この機会に伝説の——

ということで、日本が初冬を迎えるころ、大西洋の常春のカナリア諸島クルーズ 14 日間を日本全国からの QE2 ファンと楽しんできました。

サザンプトン出港

クリスマス商戦たけなわのロンドンを後に一路、サザンプトン（イギリス最南端に位置し、あのタイタニック号が出港した大きな港）へ。

カナリアヤシ

市場で

　チェックインの後、船室までの長い長い通路に船の大きさを実感。乗船後の初めての行事は避難訓練です。事前に船室係から聞いていたとはいえ、警報が鳴るとやっぱりドキドキ。船内に備えてある用具を抱えて指定の場所へ直行します。途中どんどん増えていく人たち。場合が場合なのでにっこり挨拶というわけではないのですが、同じ目的をもつ者同士の親しみが湧き、ロンドン滞在の日々がよみがえり、初めての船旅の緊張がほぐれたひとときでした。

船内見学会

　こんなご質問をいただきました。
「QE2 というからには QE（1世）もあるのでしょう？」
　早速、キュナード・ライン社（QE2 を保有する海運会社）にたずねてみました。
　回答：「初代 QE は、残念ながら 70 年代に香港で火災事故を起こし沈没しました」

　ところで QE2 は赤い煙突がトレードマークになっていますが、実は竣工時は黒い煙突でした。あまり知られていない話ですが、QE2 は 1982 年のフォークランド紛争のとき、軍事物資を運んでいたそう

です。客船ゆえ、人々の夢を壊したくないと船体の色を白く変えたとか。煙突が赤に変わったのはその後のリフォームのときだそうです。

乗船2日目に船内見学会がありました。さすがに伝統と格式の船。階段の踊り場一面に飾ってある歴代の有名人の乗船記念写真。

あ！ ケネディとジャクリーン！ チャーチル、エリザベス・テイラー、もちろん、クイーン・エリザベス2世もいらっしゃいます。何だか嬉しくなるから不思議です。

船内に飾られている品々は、それぞれにふさわしい逸話があります。

この鐘にはこんなエピソードが……。20年前、クルージング中の船内でベイビーが誕生。この鐘は高らかに鳴ったそうです（通常、航海中に出産することはない）。そして、船長の粋な計らいで、女の子はQE2の終生無料チケットがプレゼントされたとか。

「それで、女の子は乗船したのですか？」
「残念ながら、まだ記録には載っていません。というのも、両親のチケットはないので……」との説明には大笑いでした。

でも女の子も20歳、そろそろ……との期待もあるそうです。ちなみに私も母の胎内で船に乗った経験者だそうです。もし、船内で産まれていたら……。

船内の楽しみ

皆さんからよく聞かれます。「船の旅で一番の楽しみはお食事？」

実は私もそう思っていました。でも、今回はもっと素敵なことに出会いました。仮面舞踏会（マスカレード）です。

これまでの私の生活の中では、仮面舞踏会というのは映画やオペラ

船内の仮面舞踏会コーナーで販売されていた仮面のいろいろ。

着物はやっぱり素敵、日本人として誇らしく思いました。

の中のものでした。ですから乗船後、このニュースを聞いてとても興味をもちました。

舞踏会の前日には仮面を売るコーナーが出現。いそいそのぞきにまいりました。飛ぶように仮面が売れて……なんてことはなくて、コーナーは閑散としています。皆さん興味がないのかしら？　本当に仮面舞踏会が開かれるの？　なんて心配していました。

ところが当日、会場には続々とイギリス人たちが手に手に素敵な仮面を携えて現れました。「うーん」〜文化の違いを見せつけられた瞬間〜でした。

その夜の楽しかったこと！　仮面にはすごい魔力があるのを知りました。下手なダンスも英語も気になりません。その開放感は初めて経験するものでした。その日チャイナドレスを着たことも、開放感につながっていたかも……と自己分析（別に日本人から逃げているわけではありませんが）。

カップルの息はぴったり

プロダンサーの華麗なデモンストレーション

食事はやっぱり大きな楽しみ

お世話になったゾルト（ハンガリー）、モード（ドイツ）と。

　毎日、同じレストランの同じテーブルに着くので（ツアーメンバーの間で三つのテーブルを自由に使っていた）、おのずと係りのウェイターやウェイトレスとも親しくなり、毎日夕食のメニューを相談しながら決めるのも楽しいことでしたし、席に着くと同時に私のワイン（ボトルキープ）がサッと注がれるのも何ともいい気分。船ならではのことでしょう。

アフターヌーンティー

準備OK

今回、乗船に際していちばん期待していたのはアフターヌーンティーです。説明会のとき、「お食事はイギリス料理？」との質問に、キュナード・ライン社は「フレンチもイタリアンもございますが、お食事よりアフターヌーンティーに期待していただきたい」と。紅茶愛好家でティーインストラクターの私にとっては「嬉しい！」の一言でした。

　毎日、午後４時〜５時は船内じゅうでティータイム。また、５時〜６時はチルドレンズ・ティータイム。

　よく訓練されたウェイターやウェイトレスにニコニコとティーフーズをすすめられるとついつい食べすぎてしまいます。

　そんなとき、私の脳裏を横切るのはイギリスの友人モーリンからの２週間のクルージングで７ポンド（3.5kg）太ったというメール。

　事実、乗船４日目から早くもウェストの周りが気になり始めました。そこで始めたのが、デッキウォーク。そこでもたくさんの素敵に出会いました。

QE2　セッティング

和やかなメイン会場のクイーンズルーム。

海を眺めながら、a nice cup of tea!

今日はサンドイッチをパスして。

クルージングの日々寸描

ラスパルマス（グランカナリア島）の夜明け。

テネリフェ（カナリア諸島）入港。

「大西洋の日の出」

　運動不足が気になり始め、デッキウォークに参加すべくまだ明けやらぬ最上階のデッキに上がってみました。やがて、どこまでも続く水平線が赤く染まり、ゆっくりと顔を出す太陽。我が生涯で最高の「日の出」。これだけでも船に乗ってよかった！　と思えました。そして薄明かりの中に現れる寄港地、数時間後には上陸する町や島への期待が高まります。

　QE2の全長は300メートル、デッキウォークは5周が1マイル（1.6km）。私は毎朝2kmを目標にしていましたが、ときには熟年の素敵なカップルに見とれてしまったり（外国船ならでは）、お仲間に会っておしゃべりに花が咲いてしまったり……。

　ある日、後ろから「もっと早く歩け！」と声をかけられ、振り返るとかなりのおじいさん。ウォーキングには少々自信がある私、闘争心が湧き、そのおじいさんと張り合っての結果は惨敗。悔しかったけれどいい運動にはなりました。

デッキ一番の風景？

誰もいない早朝の甲板

　日本に住んでいると太陽は当たり前、でも乗客の９割はイギリス人、太陽を求めて乗船した方が多いようです。寄港地でも観光に出かけず、日中、太陽が降り注いでいるかぎりデッキで過ごします。本を読んだり、お茶をしたり、一日じゅう寝ている人もいました。

　クルージングの楽しみは、非日常的であることでしょう。特に主婦にとっては。その最たるものは数々のパーティです。

船長主催パーティ

Black & White パーティーに参加したご夫婦。憧れていたQE2に乗船できてラッキーと終始ご機嫌。

QE2名物のさよならパーティーは、「ベイク・ド・アラスカ」。にぎやかな音楽と手拍子の中、大勢のスタッフが練り歩きレストランは最高潮！

ベイク・ド・アラスカとは、焼きアイスクリームのこと。薄切りのスポンジケーキにアイスクリームをのせ、メレンゲで全体を覆って、オーブンやガスバーナーで焼き色をつけたものです。

　今回、船のスタッフにその歴史的背景を教えていただきました。

　1867年、アラスカがロシアから米国の領土として獲得されたことを記念してニューヨークのレストランが名付け、1895年モンテカルロの「ホテル・ド・パリ」のシェフが世界に広め、一躍人気のデザートとなり、1960年代〜1970年代にはディナーパーティーには必ず出される人気メニューでした。

　現在では船上のイベントとして残っていますが、一般的な人気は衰えてしまったようです。

　QE2の日本寄港は今年3月19日の大阪港が最後でした。日本への初寄港は1976年、横浜だったそうです。3代目の「クイーン・エリザベス」が建造された折には、また乗船できればと思っています。

記念品のメモ用紙

〜家庭で作りやすい〜
ベイク・ド・アラスカ

今回は、家庭で作りやすくしたアレンジで紹介させていただきます。

必ず喜んでいただけるデザートです。ぜひお試しください。

一人前ずつ作ります。

【材料】（7cm ココット・6 個分）
- アイスクリーム（市販品）……500ml
- スポンジ（5mm 厚さ）……適宜
- メレンゲ……卵白 2 個分＋砂糖 50g
- 粉砂糖……少々

【作り方】
① ココットにアイスクリームを詰めて、型の大きさにカットしたスポンジをかぶせて冷凍庫へ。
② ボールに卵白を入れ、半ば泡立て、砂糖を少しずつ加え、しっかりしたメレンゲを作る。
③ ゴムベラを使って①の表面を覆うようにメレンゲを塗る。
④ 茶こしで粉砂糖をふりかけて、250 度で 2 〜 3 分焼き色を付ける。
⑤ オーブンから出したらすぐに召し上がってください。

注：召し上がる準備ができてから焼きましょう。

～イースターのお菓子～
できそこないの目玉焼き

　さて、今年（2008年）のイースターサンデー（復活祭）は3月23日です。キリスト教圏ではクリスマス同様、復活祭を盛大に祝います。
　イースターは、春分の日から初めての満月の後に来る日曜日。イギリスではクリスマス以来初めての長期のお休みなので、皆さんとても楽しみになさっています。
　今回はその日のためのお菓子をご紹介しましょう。
　ロンドン在住中に子どもが学校で習ってきて、面白いなーと思っていたのですが、その後、著名なお菓子研究家・今田美奈子さんの『おかしなお菓子』（角川書店、1985年）という本で、正式な名前は「アプリコ・オー・ミロワール（鏡に写ったアンズ）」、スイスやドイツのレストランで聖週間のアントルメとして使われるお菓子と知りました。
　以後、私のイースター・ティーパーティーには欠かせぬお菓子となっています。本当に簡単なので、ぜひトライしてみてください。

【材料】(4人分)
- スポンジ(カステラなどで代用可)……4枚　※食パン大
- アプリコット(缶詰)……8個
- ●ブラマンジェ
  - コーンスターチ……大さじ2
  - 砂糖……20g
  - 牛乳……200cc
  - アーモンドエッセンス……少々

【作り方】
① コーンスターチと砂糖を混ぜ、牛乳を少しずつ加え混ぜる。
② 弱火にかけ、静かに混ぜながら、のり状の濃度がつくまで煮る。
③ トロトロと流れる状態まで煮詰め、火からおろしアーモンドエッセンスを加え混ぜる。
④ 皿の上にスポンジを置き、上にアプリコットを2個ずつ、間隔をあけてのせ、上から温かいブラマンジェをたっぷりかける。
⑤ そのままでも、冷蔵庫で冷やし固めても美味しくいただけます。

注：ブラマンジェを煮詰めすぎないこと！

新緑の5月・戸外でランチ
～素敵な薔薇公園、見つけました～

2008/5/21号

　一年じゅうでいちばん気持ちのいい季節です。冬が長いイギリスでは一層その感が強く、人々は郊外へ、近くの公園へと繰り出します。
　ところで、ハイキングとピクニック、どこが違うの？　そう、ハイキングは自然を感じながら野山を歩くこと。ピクニックは、公園や森林の一定の場所で持参した食べ物を楽しむことでしょうか。欧米では、ピクニックが社交の場として大きなウェイトをもっていたようです。ロンドン滞在中は、お誘いを受けるとお菓子を焼いていそいそと出かけたものです。
　私の料理教室でも、毎年5月は戸外でテーブルを囲みます。今年は横浜市荏子田にある太陽公園のバラ園のテーブルをお借りしました。ちょうど薔薇が見ごろで、皆さん味覚、視覚ともに満足してくださったようです。

ビーンズマリネ

チーズ・ディップ

カレー風味のピクルス

フルーツサラダ

デザート。いつものゼリーもちょっとオシャレに。

森の中からリスさんも出てきて。

最後はやっぱり熱いミルクティー。

虫除けのレースカバーは野外では必需品。

〜野外で楽しむためのアドバイス〜

① 布のテーブルクロスを使うだけで雰囲気がぐっと優雅になります。
② 使う食器類はできる範囲できちんとしたものを。
　（グラスやティーカップなど注意するからでしょうか、一度も破損したことはありません。）
③ メニューには、味のバラエティーを。
④ 空気がおいしいので、負けないように（？）味つけはいつもより濃いめ。
⑤ のどごしのいいもの、水分たっぷりなもの（野菜、フルーツ）を多めにメニューを組む。

さぁ、いただきましょう！

シーフードピラフ

【材料】
- バターライス……米3カップ・ブイヨン3カップでふつうに炊く。
- えび、アサリ、イカ……適宜　※ゆでておく
- ピーマン……2個　※へた、種を除き、せん切り
- エリンギ……1パック　※縦、棒切り
- カレー粉……小さじ1
- バター……20g
- オリーブ油……30cc
- 塩、こしょう……適宜

【作り方】
① フライパンにバターとオリーブ油を熱し、エリンギとピーマンをしんなりするまでいためる。
② ご飯を加え、全体にさっくりと混ぜ合わせ、いためる。
③ カレー粉をふり入れ、さらにいため、塩、こしょうで味をととのえる。
④ 大皿に③を盛りつけ、えび、イカ、アサリをさっといためて塩、こしょうで味をつけ、ご飯の上に飾りつける。

近くの公園の藤棚が満開のころ、ご近所の方々と紅茶パーティーを楽しんでいます。

17　クイーンズ・バースデイ

2008/6/18 号

ケンジントン公園にて

♪この一木なんの木　気になる木　名前も知らない　木ですからー

（作詞：伊藤アキラ　「日立の樹」）

　初めてのイギリス、ヒースロー空港からロンドンへのバスの窓から街路樹としてずーっと続くこの木を眺めながらずーっと歌っていました。

　それは「ホースチェスナッツ」でした。フランスではマロニエ、日本名は西洋栃の木、夏じゅう大輪の花が咲き続け、秋には実がなります。子どもたちがこの実を使って遊ぶ様子が児童文学の中にも登場しています。

花　　　　　　　　　　　実

　この季節に最もイギリスらしい休日の過ごし方は？　と英語の先生にたずね、「ホースチェスナッツサンデー」を知りました。
　きっと日本のお花見のようなものね、と家族でハイドパークへと繰り出しましたが、日本でのお花見の喧噪とはほど遠く、のんびり"大きな栗の木の下で"過ごした一日でした。

　さて、6月は女王様のバースデイがなんといっても話題です。
　"Trooping the Colour Ceremony"（軍旗敬礼分列式）が有名ですが、この儀式は1748年から時の王あるいは女王の公式バースデイの行事として続いています。軍隊バンドの演奏で各分隊がモールからバッキンガム宮殿を行進。女王ご夫妻をはじめ王室の方々も参加されます。10年前からは、馬車でのご参加だとか。

この勇姿はもう今は観られない。

　本番を見るには招待券、くじで当たったチケットが必要とのこと。幸運にもリハーサルを見る機会に恵まれました。兵隊さんの赤い衣装が若葉に映え、まさに絵のような美しさ。女王様の本当のお誕生日は４月だけど、天候がベストの６月に行われるのだと、何人ものイギリス人が誇らしげに教えてくれた意味がよくわかりました。
　こんな国民的な行事には、イギリス国じゅうのあちこちでストリートパーティーが開かれます。ドライブ中に突然現れる道路にずらりと並んだごちそうのテーブル、国旗がはためいて……。初めて出くわしたときはかなりびっくりしたものです。

校長先生が先頭に……。

子どもの学校もよく会場に。

ママたちが駆り出されるのはどこも同じ。

パリで出会ったお菓子

2008/7/16号

パリのお菓子屋さん

パリのカフェ（友人からのポストカードより）

どのお菓子がお好き？

♪お菓子の好きな　巴里娘
　二人そろえば　いそいそと
　角の菓子屋へボンジュール
　　　（作詞：西條八十　「お菓子と娘」）

　こんなシャンソンご存じでしょうか？　10代のころに覚えて以来、大好きな歌で今でもよく口ずさんでいます。パリ娘には絶対なれないけれど、パリにお菓子を買いにいくことはできるはずと思い続けていました。
　洋菓子を学び、多くのお菓子たちに出会いましたが、私が好きなのはパリの伝統的なお菓子です。日本では「モンブラン」や「オペラ」などがおなじみですが、今回は私の好きなケーキ「ポンヌフ」をご紹介します。

憧れのケーキとの出会いは、パリのスーパーのお菓子コーナーでした。

　製菓学校で習ったときから、「セーヌ河畔のカフェでポンヌフを食す」が私の願いでした。でも実際には、素敵なカフェや高級ケーキ屋さんで「ポンヌフ」に出会うことはありませんでした。

「ポンヌフ」は「新しい橋」という意味ですが、実はセーヌ川にかかっている32の橋の中でいちばん古い橋（1578年着工・1607年竣工）なのです。何とも楽しい話ではありませんか？

　パイ生地のケースにシューだねとカスタードクリームを混ぜ合わせたたねを流し入れ、その上にパイ生地の細い帯を十文字にかけてオーブンで焼くのです。たねがじわじわとふくらんでパイの帯が切れずに焼き上がれば成功という、スリル満点のお菓子です。
　十文字の帯を、シテ島を横切りセーヌ川にかかった橋に見立てのネーミング。仕上げのラズベリージャムの赤と粉砂糖の白が華やかですが、お味はパリジェンヌのようにシックです。
　初めての方にはちょっと難しいかもしれませんが、シュークリームが作れる方ならぜひトライしてください。

ロンドン・ウォーク
~ブルー・プラーク見つけた!~

2008/8/20 号

　新しい土地での暮らしを始めるときの期待と不安はどなたもご経験のあることでしょう。ロンドンでの生活の始まりはやっぱり大変でした。

　6歳と8歳の息子たちも言葉の壁だけでなく、学校での生活習慣の違いに戸惑うことも多々あったようで、
「ママー、ぼくねー学校の門が見えてくると涙が出てくるの」と6歳。
「お母さんはいいよねー。学校に行かなくてもいいから」と8歳。
　そんな切ない時期も乗り越え、子どもたちが元気を取り戻したころ、私も周りを見る余裕が出てきました。

ロンドン・ウォーク

ブルー・プラーク

　いろんな場所で青いマークがついた住宅が目につき始めました。それは、住宅街の大邸宅だったり商店街の中の小さな一角だったり。英語の先生に、かつて有名人が住んでいた、ということを示す青色の銘板(ブルー・プラーク)だと教えていただき納得。
　そのうちに、ロンドン・ウォークという会があることを知りました。地下鉄の駅前に集まり、午前中2時間徒歩でブルー・プラークのついた家を巡るのです。ガイドさんに参加費2ポンド(当時1,000円くらい)を支払い、契約成立。その日集まった人たち(5～10人)でスタートします。

ケート・グリーナウェイ（ヴィクトリア時代の女性挿絵家）の家。ハムステッドの大きな家には、現在も人が住んでいるようです。

ケートの描く子ども服が、当時流行したとか。

ウィリアム・モリスの生家。ロンドン郊外で周囲に大きな森があり、子ども時代に森で遊んだ経験が工芸美術家としての下地とか。

本屋で見つけた関連本。
"Where the Famous Lived in London" by Christopher Mann

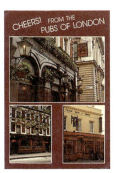

パブ巡りも人気コース。

『クマのプーさん』の作者、A・A・ミルンの家は幼稚園の隣でした。

ジャケット・ポテト（皮付きのじゃがいも）。ホクホクに焼き上げたポテトにバター、豆、チーズ等をトッピング。たっぷりの野菜サラダと一緒に食べるのがイギリス流。

トマトスープは、イギリスでもっともポピュラーなスープだとか。

　常連の方、地方からの参加者、旅行中の外国人等、歴史好き老若男女の集まりです。ぞろぞろと歩くのではなく、まさにスタスタと早足で見て回るのです。記念館になっている家では、内部の見学もします。住んでいる家は外から見るだけですが、ガイドさんの説明と周りの雰囲気からいろんな情景が頭の中を駆け巡り、実に楽しい時間でした。

　そういえば、こんなこともありましたっけ。ある冬の日、途中で雪がちらつき始め、やがて雨に。それでもガイドさんは早口で語りながら、どんどん歩きます。その日は天候のせいで参加者は最初から5人、さすがに途中で抜けることもできず、かなり惨めな2時間でした。が、連帯感が生まれたのでしょうか。誰からともなくランチを一緒にとることに。初めての経験でした。

　その日のランチのメニュー「ジャケット・ポテト」と「トマトスープ」は冷えきった体に心地よく、今でも私のお気に入りメニューの一つです。

　そのうちに、日本人の奥様たちの「ロンドンを歩く会」に入れていただき、わかりやすい英語を話す女性のガイドさんに恵まれ、歩きたい場所をリクエストしたり、ロンドン・ウォークは私のロンドン生活の大きな楽しみになりました。

おかげさまでたくさんの家を見て回ることができましたが、印象に残っているものでは……。

　ジョンソン博士については、18世紀の中ごろ、「英語辞書」を編纂したことくらいしか知りませんでした。後年、紅茶を学び、博士が大の紅茶党であることを知ったとき、鮮やかによみがえった記憶。
　狭い階段を4階まで上り、やっとたどり着いた仕事部屋には、大きな辞書が。そして、その隣に確かにあったマグカップ。ポットは？さあ、どうだったかしら。

ジョンソン博士の家

　テムズ川上流のチェルシーは、19世紀からロンドン郊外の閑静な住宅地だったとか。50年近くをこの地で過ごしたカーライル。偉大な作品のほとんどはこの家で執筆。1階の客間はテニスンやショパンが訪れた当時のままとの管理人の説明に夢見心地でした。
　彼は、私が日本人だと知ると、漱石が来館の折に署名したノートを持ってきて、「日本人は必ず見せてくれって言うよ」とにっこり。

ジョンソン家のヤカンは冷める暇がないほどの紅茶党。（James Barry 画）

カーライルの家と銅像

イギリスでガーデンボランティア

2008/9/17 号

イギリスのブーツはどうしてグリーンなの！？

この数年、夏にはイギリス庭園巡りを楽しんでいる夫が、今年はその日程に日本庭園でのボランティア活動があると、お気に入りのグリーンの長靴をスーツケースに入れて8月末にロンドン入り。

通算7年間もロンドンに住んでいたにもかかわらず、「ロンドンに日本庭園？」と信じられなかった私ですが、真相は……。

『日本庭園』の面影、辛うじて残るのみ、ハマースミス（地名）公園で復興作業始まる。

という日英タイムスの記事を見て納得しました。記事によると1910年に開かれた日英博覧会に、日本政府は日本政府館、歴史館、織物館、京都館、美術館などを建設して近代日本の立場をアピール、立派な日本庭園も造ったのです。

それから1世紀、ロンドンに現存するこの日本庭園は荒れ果ててしまいました。2年後の2010年、日英博100周年記念事業の一環として、日英のボランティアが修復作業に関わりつつ交流を広めるというもののようです。

素敵なことですね。私も参加したいと思いましたが、今回は夫からのレポートです。

雑草で荒れ放題

日英のボランティアたち。
和気あいあいと50人。

荒れ果てた庭園に咲き乱れる、
ミソハギと蓼。

清掃後。公園の隣はBBCテレビ局。

　今回は、修復前の大清掃ということで、背丈より高く伸びたススキの刈り込みや、池を埋め尽くしている雑草を取り払う作業で長靴が大いに役立ったとか。

　プロの造園設計家の指導のもと、作業に参加したのは、在ロンドン日本クラブの方、イギリス人と結婚した日本女性、ハマースミス区の職員と近隣の方々（イギリス人）、日本側からは目白大学短期大学部・准教授の大出英子先生をリーダーとするボランティアグループ。また、ホテルから日本庭園への地下鉄の中で出会った老夫婦は、日本が好きだから参加すると大きなシャベルを抱えていたそうです。

神秘的な黒鳥

楽しそうな家族連れ。思わずパチリ。

キューガーデン（王立植物園）に移築された京都館勅使門。100年前のものと知り、驚きました。

　２日間を通じて、作業の合間やランチタイムのおしゃべりは、お互いの園芸自慢、紅茶の話など、楽しかったようです。そんな中でボランティアの一人が、「道具（鎌や剪定ばさみ）がよければ、もっと短時間で作業を終えることができたのに」と言ったのに対して、イギリス人の女性が「ソレハソウデスガ、ボランティアは"精神"デス。ダカラ、ヨイ機械ヲ使ッテ短イ時間デスマスヨリ、時間ガカカッテモ皆デ一緒ニヤルトイウ"精神"ガ大切ダト思イマス」とたどたどしい日本語できっぱりと言ったことに、彼はいたく感動したとか。

黒ツグミのつがいを見つけた！

パイを作るときに使います。

　左がメス、オスは黄色のくちばしが特徴。鳴き声が美しいので、「うたいどり」との別名も。イギリスではブラックバードと呼ばれ、よく見かける小鳥ですが、音に敏感で、こんな写真が撮れるのは本当にラッキー。
　こんな不思議な歌、ご紹介しましょう。

　　　　　　　『六ペンスの歌』（マザーグースより）

　　　　　　六ペンスの歌　うたいましょう
　　　　　　ポッケにライ麦　ぎっしりだ
　　　　　　二十四羽の　黒ツグミ
　　　　　　焼きこめられて　パイの中

　　　　　　パイが切られた　その時に
　　　　　　うたいはじめた　ツグミたち
　　　　　　さても見事な　この珍味
　　　　　　王さま　いかがでございましょう？

（鷲津名都江『マザー・グースをたずねて－英国への招待－』筑摩書房、1996年　より）

秋色の食卓に乾杯！
～自然界の恵みに感謝して～

2008/10/15 号

ハローウィンパーティー開きませんか？

さわやかな季節を迎えました。
　芸術の秋、スポーツの秋、美術の秋、読書の秋、皆様はどんな秋を楽しんでいらっしゃいますか？

　今回は、秋の味覚満載のメニューをご紹介しましょう。見慣れた食材がちょっと目先を変えて登場、お年寄りから子どもまで楽しめるテーマです。

秋の食卓をつくる

柿カップ

スターターは、柿カップ。
カップの中身はお好みで。

【作り方】
へたをはずし、中身をくりぬいた柿とセロリをせん切りにしてドレッシングであえ、詰める。

びっくりきのこスープ

パイをバリバリと破ってスープと一緒に食べましょう。
器はコーヒーカップなど取っ手があるものがベター。枯れ葉はすべりどめとしてもお役立ち。

【作り方】
① シメジ、しいたけ、えのきなど、好みのきのこ類を数種、たまねぎといためてコンソメスープに入れ、冷ます。
（湯気があると、ふたのパイシートがゆるむ。）
② ①を各自のカップに8分目まで注ぐ。市販のパイシートをのばさずそのままカップの口より2センチ大きく切り、シート裏側のふちに溶き卵（全卵）を塗る。
③ パイの真ん中にややゆるみをもたせ（ふくらんだとき破れないように）、カップのふちにしっかり張りつける。
④ かぶせたパイシートに残りの溶き卵を塗り、200度のオーブンで15分ぐらい、表面がきつね色になるまで焼く。

パンプキンバスケット

【材料】（8人分）
・かぼちゃ……中1個（約1kg）
・ミニトマト……適宜
・パルメザンチーズ……大さじ2
●中に詰めるチャーハン
　・ご飯……約2膳分
　・にんにく……1片　※みじん切り
　・たまねぎ……中1個　※みじん切り
　・ソーセージ……200g　※5mm角切り
　・マッシュルーム……1パック　※薄切り
　・油……大さじ1
　・塩・こしょう……適宜

ケーキのように切り分けて召し上がれ！

● ホワイトソース（できあがり 400cc）
・バター……大さじ 2
・小麦粉……大さじ 3
・牛乳……2 カップ

【作り方】
◇ ホワイトソース
① 厚手なべにバターを入れ、中火で溶かす。
② 小麦粉を加え、弱めの中火でいためる。
③ 粉がさらっとするまでいため、火を止めて牛乳を一気に加える。
④ なべ底に泡立て器をあてないように、手早く混ぜる。
⑤ 木じゃくしにかえ、底から混ぜ、とろみがつくまで煮詰める。（約 4 分）

◇ バスケット
① かぼちゃは串が通るくらいのやわらかさになるまで電子レンジにかけ（ラップせずに上下返し各 3 ～ 4 分）、横半分に切り、中の種とワタを取り、内側にチーズをふる。
② フライパンに油大さじ 1 を入れ、にんにくをいためて香りをつけて取り出し、たまねぎを入れて透明になるまでいためる。
③ ②にソーセージ、マッシュルームを加えていため、塩・こしょうで味つけ。ご飯とホワイトソース半量（200cc）と混ぜ合わせる。
④ ③のチャーハンを①に詰め、上面に残りのホワイトソースをかける。
⑤ ④に半分に切ったミニトマトを飾り、200 度のオーブンで表面がきつね色になるまで焼く。（約 15 分）

りんごと紫キャベツのサラダ

【材料】
- りんご……1個
   ※皮をむいて芯を取り、マッチ棒サイズに切る。
- 紫キャベツ……1/4個　※せん切り
- 塩……小さじ1/2
- ●ドレッシング（以下を混ぜ合わせる）
   - サラダオイル……大さじ4
   - ワインビネガー……大さじ2
   - こしょう……少々

フルーツの甘みとシンプルなドレッシングがマッチ。

【作り方】
① 紫キャベツをボールに入れ、塩でよくもみ、水気をしぼる。
② りんごをドレッシングであえ、器に彩りよく盛りつける。

アイスクリームのソース添え

おすすめはオリーブオイルですが、お好みのフルーツソースもグー。

〜ホームパーティ・アドバイス〜

　ランチやお茶に友人を招くとき、私がいちばん大切にしているのは季節感です。春は軽くさわやかに、夏は涼し気に、冬は豊かに暖かく、そして秋は明るく、ちょっとメランコリックを意識します。

　テーブルクロスと食卓花がその任を果たすことが多いようですが、今回ご紹介したメニューは"秋"そのものですから、落ち葉や木の実をテーブルに置くだけで十分でしょう。

　朝採りの木の実や落ち葉などは使う前に必ず洗ってください。その昔、食事中に虫がのこのこ這い出してきて大騒ぎになった苦い経験があります。

　テーブルにトーキンググッズを置きましょう。例えば、旅行先で買ったかわいい置き物など。数年前のことですが、イギリス大好き人たちとランチの会をいたしました。テーブルにはミニチュアのロンドン名物を。思い出話に花が咲いたのは予想どおりのこと。でも思いがけないことが……。

　いつもはあまりお話をされないＳさん（皆さんのお話をにこにこ）が、ハネムーンのときの失敗談を披露されたのです。その意外性に皆さん大喜び、とても楽しい会になりました。

　最後に、あなたがランチやお食事に招待されたときのこと。何か一つ、テーマに関するものを身に着けていきましょう。例えば、秋ならどんぐりや葉っぱ等。参加前から会に関心をもつことで、当日何倍も楽しめること請け合いです。ハローウィンから始めてみませんか？

"美味しい紅茶"の主役はポット
～ティーポットカレンダーより～

2008/11/19号

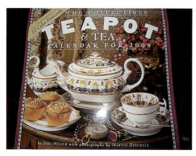 

新しいカレンダーが届きました。左：2009年版、右：2015年版。

"The Collectible Teapot & Tea Calendar 2009" by Joni Miller & Martin Brigdale
"The Collectible Teapot & Tea Calendar 2015" by Annabel Freyberg & Martin Brigdale （Workman Publishing Company）

　紅茶を学び始めた14年前のこと。美味しい紅茶をいれるための「ゴールデンルール」を知りました。ゴールデンルール四つのポイントの1番がポットの登場です。その後、茶葉の分量、お湯の温度、蒸らす時間と続きますが、そのときの講師の「皆さんは、紅茶のカップの好みにはうるさいが、実は大事なのはポットですよ」という言葉がとても印象的でした。

　そして、それ以来愛用しているのが、ティーポットカレンダーです。季節にふさわしいPOTの美しい写真と関連の説明が何とも楽しく、届いた日に一気に読んでしまいます。

ジョージ・ワシントン夫妻とお茶

　今回は、現在世界じゅうが関心を向けるアメリカ大統領関連のコラムを見つけましたので、ご紹介します。

1789 年～ 1797 年までアメリカ大統領を 2 期（8 年）務めた後、ジョージ・ワシントンと妻のマーサは、彼らが愛してやまない故郷、ヴァージニアのマウントバーノンに帰りました。

　早起きが習慣であったジョージは、朝食前の 1 ～ 2 時間を読書や書き物で過ごし、その後、階下に降りて、はちみつとバターをつけた小さなとうもろこしのパンを三つとクリームを入れない三杯の紅茶の朝食をとったようです。

　そして、農園のある広大な敷地に大勢の人々を招いて一緒にお茶を楽しみました。それはあたかも繁盛しているパブのような光景だったとか。夏には夕日、冬はキャンドルライトに照らされて……。なんて素敵な光景でしょう。古き良きアメリカ映画のワンシーンのようですね。

ベティーポットに出会った日

　ロンドンに滞在中はお茶の誘いをよく受けました。初めてのお茶の誘いは隣家からでしたが、想像を遥かに下回るあっけないものでした。私の想像したイギリス人のお茶は、素敵なティーセットで美味しい紅茶が……でしたが、実際に出されたのはデイリーカップと呼ばれる普段使いのカップ、お茶請けのお菓子はスーパーのセロファンに包んだビスケット。

ベティーポット

　そして、ティーポットはどこでも丸いどっしりとしたものでした。それは通称、ベティーポットと呼ばれ、イギリス人の家庭に一つはあるそう。イギリスによくある女の子の名前・エリザベスに由来したものだとか。そういえば女王様も……。

教えてくださったのは、隣人のブレイン氏。ちなみに奥様もベティさん。何気ないお茶に誘われるのは近所付き合いの仲間（お客様ではなく）に入れていただけたということでしょうか。

ティーコジーに夢中

　隣人とのお茶も日常化したある日のこと、大した期待もなく訪れたお宅でこんな素敵なティーコジーを教えていただきました。

初めて知ったティーコジードール

手芸教室で習ったバスケット型

コージードールコレクションから

――ティーコジーとは……

茶帽子のこと。ポットに入れた熱湯が冷めにくく、また紅茶がよく蒸れて成分が熱湯のなかによく出るようにポットを包む用具。キルティ

ングや綿入りの布で作られている。おいしい紅茶を飲むため、テーブルの装飾にもなり、ぜひ欲しい用具の一つ。

（日本紅茶協会編『現代紅茶用語辞典』柴田書店、1996年）より

　ティーコジーにつける陶器の人形にある時期夢中になり、アンティックマーケット巡りの日々もロンドン生活の楽しい思い出です。
　ある日の友人モーリンとの会話から。
「ねえ、あなたは家でティーコジー使っている？」
「NO、使っていないし持ってもいない。でも私の実家にはあったわよ。赤いベルベットのものが……。でも、それが戸棚の中から外に出たのを見たことがないわ」。大笑いでした。
　モーリンはこんなことも話してくれました。
「たいてい親戚に一人、コジー好きな人がいるものなのよ。私の叔母さんがそうだったわ。いつも新しいティーコジーを作って自慢して楽しんでいたわ」

――ティーコジーの由来は……
　パット入り織物で作ったティーコジーは、1875年ごろティーテーブルの上に登場しました。これらのデザインは、一般的には、昔、中国からヨーロッパへ陶器を輸送するとき、ポットが壊れないように綿にくるみ、竹かごに入れて保護したことからといわれていますが、こんな新説もカレンダーのコラムに見つけました。
　17世紀、アイルランドの農夫が偶然自分の帽子をポットの上に落とし、その後ずいぶん時間が経ったにもかかわらず、ポットのお茶はまだ温かかった。そこからティーコジーが始まったというのですが、さてどちらが？

クリスマスプディングってなあに？ から50年

2008/12/17号

Maureenからのカード

　12月に入り、日に日にクリスマス色が濃くなってきます。

　クリスマスカード第1号は、今年もイギリスのモーリンからでした。モーリンはロンドン郊外の女学校の歴史教師として定年まで勤め、数年前、会計士だったご主人フィリップとイギリス南部の保養地で有名なブライトンに移住。典型的な英国人の知識階級の暮らしです。

　昨年会ったときは、ますます元気で地域の婦人会の会長として「忙しい！！」と楽しそうに話していました。フィリップのほうは、「暇つぶしにゲームに凝っているよ」とちょっと元気がないようでした。

　カードには見慣れた力強いペン字で、今年の婦人会のクリスマスパーティーは京子の好きなクラチット家のクリスマスディナーに決まったとありました。＊

＊チャールズ・ディケンズの『クリスマス・キャロル』に描かれている、貧しくも心豊かに暮らすクラチット家のクリスマスディナーのこと。イギリス人には人気があり朗読を聴きながら楽しむのだとか。

クリスマスプディングってどんなもの？

　私が好きなのはディナーの最後に登場するクリスマスプディングの場面です。この描写のおかげでこのプディングは世界一有名なクリスマスのデザートになりました。

ブランデーをかけて火を灯すと雰囲気がぐっと盛り上がる。

クリスマスプディングに必需品のひいらぎ。

　わあい！　すごい湯気だぞ！　いよいよプディングが銅鍋からでたようです。洗たく日のようなにおいだ！　それは、ふきんのにおいでした。料理店とお菓子屋が隣どうしで、そのまた隣に、洗たく屋があるようなにおいがする！　それが、プディングです！　一分とたたないうちに、クラチット夫人は──顔をほてらせ、とくいそうに笑いながら──ほしブドウでまだらになった大砲のたまのように見える、固くしまったプディングをもってはいってきました。そのお皿のなかには、ほんのちょっぴりたらして、火をつけたブランデーが、ぽっぽっともえていますし、プディングのてっぺんには、クリスマスのヒイラギのお飾りがしてあります。
　ああ、すばらしいプディングです！
（ディケンズ作・村山英太郎訳『クリスマス・キャロル』岩波書店、1950年　より）

　この場面に初めて出会ったのは10代のころ、まさに目が点になりました。何度も何度も読み返して、「これは何？　どんなもの？」と。以来、プディングは私の頭の片隅に眠っていたようです。

ウェッジウッドへの想い
～テーブルウェアーの周辺で～

2009/2/18 号

ジャスパーのティーセット（ミニ）
※参考：緻密で磁器のような白いストーンウェア。
　　　　初期には、カメオやメダルに使われた。

　新しい年の初め、ウェッジウッドの倒産には少なからず驚かされました。ティーインストラクターの友人はもちろん、今月は料理のクラスでもよく話題になり、ウェッジウッドに関する様々な思いに浸る日々を過ごしました。そんな日々の中から……。

ウェッジウッド家のお茶の会に招かれた

　この話をすると必ず、「どうして、あなたが？」と聞かれます。
　もう30年近く前のことですが、ロンドン日本婦人会の役員として、ウェッジウッド社の当時の極東担当重役のお宅から招待を受けまし

た。お茶会の席では、日本はとてもいい顧客であると感謝の言葉とともに、優雅なティー＆ケーキのもてなしを受けましたが、そのときのティーセットの柄を覚えていないのは今もって悔やまれます。きっとまだそんな知識がなかったのでしょう。

　そのとき、お土産にいただいたのが、英国の画家 Stubbs（馬の絵が特に有名です）が描いた『ジョサイア・ウェッジウッドと家族』の絵葉書。後年、ティーインストラクターの研修旅行で訪ねた、ストーク・オン・トレントのウェッジウッド美術館には大きな原画が飾られていました。

　ジョサイア・ウェッジウッドの子どもたち、特に男子は全員が素晴らしい功績者です。そして、あの有名な自然科学者のチャールズ・ダーウィンが孫だなんて……。

①ジョサイア１世（1730-1795）
②サラ夫人（1734-1815）
③スザンナ（1765-1817）　チャールズ・ダーウィンの母
④ジョン（1766-1844）　王立園芸協会の創始者
⑤ジョサイア２世（1769-1843）　ニューカッスル選出の国会議員
⑥トーマス（1771-1805）　写真界のパイオニア

ウェッジウッド社の足跡を簡単にご紹介

　創始者ジョサイア・ウェッジウッドは、イギリスの製陶業の中心地ストーク・オン・トレントに代々陶工業を営む家の13番目の子として生まれ、11歳のとき患った天然痘で右ひざに障害をもっていました。父親が亡くなり、9歳から5年間、家業を継いだ兄に弟子入りし、みっちり修業します。その後、向学心旺盛な彼は、より新しい技術や思考を求め、ふさわしいパートナーや協力者にも恵まれ、多くの王侯貴族に愛され輝かしい業績（ジャスパーウェア、ブラックバサルトなど）を残しています。製陶業のみならず、福祉関係への関心も深く、

後年、慈善施設や病院への寄付も続けましたが、1795年、波乱と栄光の64歳の生涯を閉じました。

アメリカ独立戦争時に奴隷解放への支持として作ったメダル。（ウェッジウッド美術館所蔵）

父の後を継いだウェッジウッド2世は、ジョサイア・スポードによって開発されたボーン・チャイナ（骨灰磁器）を改良、テーブルウェアーに新たな魅力を加えて需要の拡大につなげ、「ウェッジウッド・ブランド」は一段と高まりました。時はちょうど、イギリスの紅茶が貴族や上流社会から、国民一般の飲み物としての市民権を得たころ。中国からの陶器が「高値（高嶺）の花」だった庶民にも、国産の陶器は普及しました。

その後も順調に業績を伸ばし、1983年にはウェッジウッド・ジャパン社が設立されました。1996年、ティーインストラクター研修でストーク・オン・トレントの工場を見学したとき、最後に案内された発送室でダンボール箱の山積みを見ました。すべてが「TO JAPAN」だと聞いたときの驚きは、今でもはっきり覚えています。

ある日、ロンドンの陶器屋さんで……。

フローレンティン　ワイルドストロベリー
日本の庶民好みのティー＆ソウサーたち。

ロンドン暮らしでは、ショッピングが楽しみの一つでした。

特に陶器店にはよく行きました。当時は1ポンドが450円でしたから、いつもウィンドウショッピングと"JAST LOOKING"（ちょっと見せてください）なのですが……。

ある日、店主（素敵なご婦人でした）が、「日本の奥さんはワイル

ドストロベリーが好きねぇ。私の好みではないけど……」と話しかけてきました。そこで「じゃあ、あなたのお好みは？」「私は絶対フローレンティンよ。このギリシャ模様がいいと思うわ」

イギリスの友人モーリンからのメール

　数年前まで、イギリスのウェッジウッド関係で働いていた人は7万人もいたけれど、今ではほとんどが中国に移ったため、今回の破綻で職を失った人は600人だったわ。200年以上も素晴らしい成功を治めてきたこの会社は、スポード、ミントン、ロイヤル・ドルトン（すべて中国製！）、ドイツのローゼンタール、そしてアイルランドのウォーターフォードも買収。会長の Sir Anthony O'Reilly は、400万ポンドを投資して7700人の労働者を雇っていたそうよ。資金の出資者たちは早急に利益配当を求めたけれど、中国における他社との競合は非常に厳しくて、最大限の利益を出すためにはリスクを冒さなくてはならなかったの。さらに、多くの買収した会社を管理する困難にも突き当たり、その結果、5年間に莫大な額の負債を抱えて倒産してしまったわ。

　私が住んでいる街（ブライトン）では2年前に店を閉じたの。そのときは半額セールに長い行列ができていたわ。

　イギリスにも不況の波が来て、失業者は増え、預金金利も下がり、政府自身も不況対策のため借金をしている。この国の借金の返済は税金という形で、将来、孫やひ孫の負担になるのではないか？と新聞はいっているわ。　（2009/2/2）

　と、私の「ウェッジウッドの破綻についてイギリスではいかが？」というメールに答えてくれました。

　私にたくさんの夢を与えてくれたウェッジウッド社の復興が早からんことを願っております。身近な日本の将来も気になる昨今ではありますが……。

25 イギリスのくまさん
〜マーマレード・作りましょう〜

2009/3/18 号

切手になった3匹のくまさんたち。

　春風に誘われて、ブラブラと散歩に出掛けた森の中でこんなくまさんに出会ったら……。
　さあ、あなたはどうしますか？　「森のくまさん」の歌のようにスタコラサッサッサノサッと逃げ出しますか？
　私だったら、そう、お茶に誘っちゃいます。

イギリスでくまさんといったら……

　もちろん、プーさんとパディントンがあまりにも有名ですが……。
　実はもう一匹とても人気者のくまさんがいるのです。ちょっとご紹介しましょう。その名は、ルパート。
　英国の古き良き時代、新聞のコミックで連載されていたほのぼの一家の物語の主人公。ですから、子どもより親世代に人気があり、イギリス人の友人たちは「コミックでもルパートなら許せるけど、うちの子どもたちは、バン！　バン！　やグァオーグァオーが好きで……」と嘆いていました。

私のお気に入りはパディントン

　南米ペルーから密入国してきたこぐまにパディントンという名がついたのは、後に引き取られて家族の一員となるブラウン夫妻と出会った場所がロンドンのパディントン駅だったから。
　ロンドンには英国鉄道のターミナル駅が八つあり、行き先により発着駅が異なります。ちなみにあの"ハリーポッター"が乗り降りしたのは、キングスクロス駅。9と3/4プラットフォームはあるのでしょうか？
　ほかにも、ユーストン駅、ヴィクトリア駅などありますが、やっぱりパディントンが一番。かわいいばかりでなく、生意気で、自分の意見をきちんともっていて、礼儀正しくて、好奇心が旺盛、ゆえに絶えず巻き起こす大事件にハラハラドキドキさせられて、でも最後は周りの人（読者さえ）を幸せにしてしまうのがパディントンなのです。

　作者のマイケル・ボンド氏は、奥様のバースデイにプレゼントしたくまのぬいぐるみがきっかけでこの物語が生まれたとか。初版は1958年ですからまさに現代版、ロンドンの街の様子や暮らしぶりが本当によく描かれていて、小学校中級向きと推薦されていますが私の愛読書です。そして、パディントンがマーマレード好きなのも気に入っています。

マーマレードは朝に食べるもの？

　ロンドンに暮らし始めて間もないころ、子どもの友人のママたちを午後のお茶に誘いました。
　スコーンにはもちろん、クロテッドクリームと上等のマーマレードを。「マーマレード！」と皆さんがびっくりして、私はキョトン。いちばん親しいジャネットが代表（？）して、「イギリスではマーマ

レードは朝だけ食べる」とのこと、「スコーンにはベリー類（ラズベリー・ブルーベリー・ストロベリー等）のジャムを使う」ことを教えてくれました。単なる生活習慣とはいえ、マーマレード大好きの私は大ショック！　でした。

マーマレード誕生秘話

　マーマレードは、スコットランドのダンディーが発祥の地。スペインから船で運ばれてきたオレンジがとても安いので、大量に買い込んだ商人、食べてみると苦くて食べられません。もちろん売れません。そこで、商人の奥さんがジャムを作ってみると、その苦味が砂糖と合って独特の美味しさ。たちまち人気商品となり、今やマーマレードなくしてはイギリスの朝食はありえないといわれているのです。

"ENGLISH BREAKFAST"
のラベルにご注目。

COLUMN

ピーターラビットも紅茶が好き！

「ピーターラビットって、本にもなっているのですか？　陶器の図柄だと思っていました」。最近ある方からこんな質問を受けました。

　最近の日本では幼児食器の定番といってもいいほど人気だといいます。かくいう私も30年前、初めてピーターに会ったのはロンドンの陶器売り場でした。「あっ、ピーターだ！　ベンジャミンもいる」という元気な声に思わず振り返ったところにずらりと並んだ小さな陶器の動物たち。「これは何？」とたずねる私に、声の主のかわいい姉弟が一生懸命教えてくれました。ベアトリクス・ポターのこと、シリーズで20以上のお話があることなど。

　翌日、私は早速地域の図書館に行きました。児童室で見つけた子どもの手サイズの小さな本はどれもがよれよれで、その人気のほどを物語っていました。

"The Tale of the Pie and the Patty-Pan" by Beatrix Potter

"The Tale of Mrs.Tiggy-Winkle" by Beatrix Potter

"The Tale of Peter Rabbit" by Beatrix Potter

"The Sly Old Cat" by Beatrix Potter

『ピーターラビット』シリーズの中のお茶の場面

日常のティータイム寸描
～ロンドン暮らしのメモより～

2009/4/15 号

作者不詳（1906 年）
オスロ美術館の絵はがきより。

　イギリス人の紅茶好きはあまりにも有名、今さらという気もいたしますが、思い起こせば懐かしい光景が次々とよみがえってまいります。

ぼく、マークからお茶に誘われたよ

　子どもたちが学校に慣れてほっとしたころ、マークのママからの電話を受けました。学校の帰りにヒラーキ（ヒロアキの発音が難しいので先生さえ）を連れて帰るので、5時ごろ迎えにくるようにと。
　ちょっとドキドキしながら約束の時間に迎えにいきました。
　上機嫌の息子は、
「お茶っていっても夕食だったよ。マークが最初にスイーツに手を出したら、マークのママが『エッグ・ファースト！』と言ってその手を

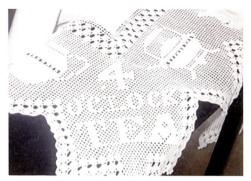

友人のKさん所有の子ども用テーブルクロス
（ロンドンのアンティックレース専門店で購入）

ピシャと叩いたの。ぼくは、卵・ハム・野菜を食べてからポテトチップスとアイスクリームを食べて"Good Boy!"ってほめられたよ」

パパも帰宅して、食事の後、ゲームをしてくれたとか。

TEA LADYって？

ある時期、夫は夕食時に食欲がなくなりました。理由は、会社でたくさん紅茶を飲むことにあるらしいのです。

???（と意味が分かりません）でしたが、午前と午後にお茶をいれるためだけに会社に来る女性（ティーレディ）のことを知りました。

名前はサリーさん。彼女はお茶いれのプロですから、全員の好みを把握していて、Mr.スミスは濃くいれてミルクたっぷり。ヘレンはミルクと砂糖入り、Mr.仁位は濃いめのストレートね、などと好みの美味しい紅茶をいれてくれるのです。

そして、最初の一杯を飲み終えると、「もう一杯いかが？」
「イエス・プリーズ」と答えると満面の笑みを。
「ノー・サンキュー」と言おうものなら、

「オー、あなたは私のお茶が飲めないの？」と悲しそうな顔をするのですって。
　気の弱い夫はついつい「イエス」と言ってしまうとか。
　ちなみにサリーさんは会社の近くに住む画家の奥様で、とても上品で絵に描いたようなイギリス婦人でした。

奥さん、お茶の時間だよ

　２〜３日前から水道の調子が悪いのにプラマー（配管工）が修理に来てくれず、毎日ひやひやしていました。
　10時ごろに現れたプラマーにほっとして、ほかのことに熱中していました。突然の大声にびっくりして、恐る恐る「何か？」と問えば、要するにお茶の催促でした。時計は11時を指していました。聞きしに勝る「紅茶の国」を実感したのでした。
　2007年出版の本『ヨーロッパ読本・イギリス』（黒岩徹・岩田託子編、河出書房新社）に、英国に暮らす駐在員の奥さんが初めて覚える単語が「プラマー」という記事を見つけ、やっぱり！　と妙に嬉しくなりました。それほど、ロンドンの水道事情がよくないのです。

　そういえばこんなこともありました。
　またまた、修理を頼んだ日のこと、急に出かけることになり、お茶の時間に帰れないしと悩んだ末に、恐る恐る「ベリーソーリー」とわけを話しました。
　プラマーさん、ニコニコして「心配しないで。紅茶と食べ物があれば……」と。
　もちろん、とびっきり上等なお菓子とたっぷりのお茶を用意したことはいうまでもありません。そして、その後のロンドンの生活は肩の力が抜けたように思います。

ティータイム・学校で

　息子のことで先生に相談したいことがあり、休み時間を見計らって、学校に伺いました。
「ああ。Mrs. Nii、ちょっと待ってください。今お茶の時間ですから」と奥へ消えたルイス先生。最初は私のためにお茶をいれてくださっていると思っていたのですが、10分ぐらい待たされている間に複雑な気持ちになってきました。
「お茶の時間はしっかりとる」ということなのでしょう。やっぱりここはイギリスだと感じた日でした。

　今回、久しぶりに振り返ったロンドンの日々。思い出の中の彼らは素敵な笑顔でお茶を楽しんでいます。紅茶が好き、その時間が好き、と。
　そして慣れない土地で一生懸命だった私自身を思い出し、ロンドン恋しの数日でした。

薔薇の季節に
〜お菓子・紅茶・英国物語〜

2009/6/17 号

234番館の正面

五月様

　今年も薔薇の季節が終わりました。

　「紅茶と薔薇」が大好き！　と今回のティーパーティーにも真っ先に申し込んでくださったのに、階段から落ちて骨折だなんて……びっくりしました。

　その後、経過も順調とか。どうぞお大事に。

　さて、約束どおり、「ティーパーティ」のご報告です。

　薔薇満開の5月17日、会場は横浜山手の234番館でした。

　主催したのは、日本紅茶協会のティーインストラクター神奈川支部のメンバー有志19人。会場といい、開催日といい、申し分なしでしょ？　すぐに満席になり、準備にも力が入りました。

　日本紅茶協会のホームページはこちら〈http://www.tea-a.gr.jp/〉から。

準備に大忙しのバックヤード

お客様もお待ちかね

　当日は午前と午後に開催しましたので、スタッフも大勢とはいえフル回転でした。
　会の前半では、ベテランの講師による「ティーパーティー」の成り立ちや当時の世相など。しばし「英国・ヴィクトリア時代」に思いをはせたのは、私だけでしょうか？
　続いて、当日のテーブルセッティングの見どころと自宅でお茶会を開くときのヒントなどを若々しい講師から。

　季節やテーマに合わせて選ぶ三つのポイントは
　（1）テーブルクロス
　（2）お道具
　（3）生のお花

　すぐに実行したいとの声を会場で聞きました。

華やかな雰囲気を醸すセッティング。
当日はフォーマルに近いものでした。

　いよいよ、お待ちかねのティータイムの始まりですが、その前にティーフーズ担当者の一人として、私から当日のティーフーズへの思い入れと英国滞在時の経験などをお話しいたしました。

　紅茶とお菓子大好きの私は、イギリスで過ごした数年間に一杯の紅茶で広がる人の輪の大切さを知り、お茶の会を開くことは私の生活の一部になりました。
　今回はティーインストラクターの皆さんとご一緒させていただき、たくさんの学びがありました。次回はぜひご参加くださいね。

ティーフーズのボード

本日の Tea Foods

ティーサンドイッチ
苺タルトまたはベリートライフル
プチローズマドレーヌ
薔薇のゼリー
チーズパイのスティック
オレンジペッパーチョコレート

ティーフーズも好評でお客様からのレシピのおたずねも多く、担当者6名は大忙し。今後への課題になりました。

あちらこちらで歓談の輪ができて。

充実の一日を終えて……。「お疲れ様！」

日常のティータイム寸描
〜さくらんぼの季節に〜

2009/7/15 号

by John Russell（ジョン・ラッセル）
"Small Girl Presenting Cherries"（1780年）
ルーブル美術館の絵はがきより。

　町の果物屋さんやスーパーの店頭にさくらんぼを見つけた日、私の机上にこのカードが登場します。
　もう30年も昔のこと、初めてルーブル美術館を訪れ、憧れの印象派の数々の名画を存分に楽しんだ後、別の部屋で出会ったのがこの絵でした。

　そして、私がいそいそと作るケーキが……。
「シュヴァルツヴァルダーキルッシュトルテ」、舌をかみそうな名前のケーキですが、イギリスの製菓学校ではブラックフォーリスト（黒い森）ケーキと習いました。
　チョコレートスポンジにチェリー（缶詰）と生クリームをはさみ、表面にもたっぷりのクリームをしぼり、チョコレートとチェリーをデコレーションした有名なショートケーキです。

アメリカではブラックフォーリスト（黒い森）ケーキ。

切り口も楽しい。

　生クリームのまろやかさとキルッシュワッサー（さくらんぼのリキュール）の香りにチェリーのみずみずしさがマッチして、欧米諸国では今も人気のケーキです。
　私も数カ国で食す機会に出会いましたが、味もデザインもほとんど変わりなく伝統が守られていると実感したものです。
　このケーキの発祥の地でもあるドイツのシュヴァルツヴァルト（黒い森）を訪れたいと、子どものころから願っていました。きっとお菓子の家が見つかると信じて。

一度だけこの森を切り拓いてつくったアウトバーンをドライブしたことがありますが、両側にどこまでも続くタンデンバウム（もみの木）の濃い緑の大森林は、ヘンゼルとグレーテルがパンくずをまきながら歩いた心細さが伝わってくるようでした。

さくらんぼのジャムを作りましょう

　5年くらい前からこの季節、チェリージャム作りが我が家の行事になっております。
　かつてロンドンで暮らしていたころ、フォートナム＆メーソン（食料品店）のチェリージャムの美味しさのとりこになりました。
　最近、アメリカンチェリーが豊富に出回り、品質もよいようです。お値段の底値？　をねらって一日かけて作るのです。作り方はイチゴジャムと同じですが、ちょっとリッチな気分と、なんといってもかわいい形と色が素敵です。
　来年はぜひトライしてみてください。

さくらんぼのジャム

【材料】
・さくらんぼ……500g　※縦半分に切り、種はとる。
・上白糖……500g
・ペクチン……4g
・クエン酸……2g
・水……350cc

【作り方】
① サクランボ500gと上白糖150gに水200ccを加え、煮詰める。
② 沸騰したら、ペクチン、上白糖150g、水150ccを加えてよく混ぜる。
③ 再度沸騰したら、残りの上白糖を加え、アクをとる。
④ 糖度58度になったら、クエン酸の溶液を加える。
⑤ 糖度59度になったら（煮詰め開始から15分が目安）、火を止める。
⑥ 容器に詰め、冷やす。

注：糖度計をお持ちの場合はご利用ください。

ティーコジーに魅せられて
～テーブルをより楽しく豊かに～

2009/8/19号

　皆様は、一度いれてから冷めた紅茶をどうしていらっしゃいますか？

　温め直したり、ポットのままウォーマーに置いたりすることはおすすめできません。特に、温め直しますと、タンニン類が後味の悪い渋み成分になります。

野外でも活躍

　そこで、おすすめしたいのが、「ティーコジー」（保温カバー）。夏本番のこの時期に、保温のお話？　と、お思いでしょうか。実は夏こそ必需品ともいえるのです。冷房は保温の大敵ですから……。

　今年で日本ティーインストラクター会は、20周年（※本記事執筆時）を迎えます。7月中旬、記念式典に出席して改めて紅茶にかかわってきた15年の日々を振り返ってみました。紅茶やお菓子を媒体に、多くの出会いがありました。美味しい紅茶のいれ方はもちろんですが、紅茶やお菓子を引き立てるテーブルウェアーの数々は、かなり私を夢中にさせました。シルバーウェアー、リネン類、レースなどなど。

　とりわけ私が好んだのが、ティーコジーなのです。紅茶の保温が目的ですが、パーティーのテーマや季節に合わせて、毎日のティータイム用にと、いつの間にか50枚以上集まっていました。最近は市販のものもたくさんありますが、その日のテーマに合わせて手作りをして、そのお披露目のパーティーも楽しいですね。ティーコジーはティータイムをいっそう優雅にさせてくれる小道具といえるでしょう。

ティーマットもおそろいで作ると、おしゃれですね。

9月末から小さなギャラリーで『コレクション展』をさせていただくことになり、目下、整理中。あれこれと思い出がよみがえり楽しい日々を過ごしております。

今回は、その中から一部を紹介させていただきます。

赤ずきんちゃん。裏がオオカミとおばあさんになっている。(手芸家の知人作)

雰囲気が盛り上がります。大きなパーティーには、トーキンググッズとして。

コペンハーゲンの手芸店で。
女性なら一度は手にした、DMC の刺繍糸専門店のウィンドウディスプレイを、無理やり頼んで譲っていただいたもの。
涼しげで夏のテーブルには欠かせません。

上海のお土産。ブルーをいただいて、あまりかわいいのでご近所の奥様にお見せしたら、「ちょっと貸してくださる？」
翌日、なんと赤いのができてきて、嬉しいサプライズ！　でした。

コンサートティーパーティには必ず登場。素敵な音楽にうっとり、そこに美味しい紅茶とお菓子があれば最高に幸せ！

大好きなティーカップとおそろいで

つけたまま使える英国の朝食用の定番

紅茶の産地で購入したもの

朝の食卓用

子どものティーパーティーに。

ベンチ物語
～英国で知ったメモリアルベンチ～

2009/9/16号

四つのデザインの中から「音楽のまち」にちなんだものを選びました。

今年の夏、嬉しいことがありました。

我が家から2分の王禅寺公園にチビのメモリアルベンチが設置されました。昨年できた川崎市の「公園ベンチ寄付募集制度」のお世話になってのことです。

チビのこと

現在40歳の次男が中学校時代に、教室に迷い込んできた生後6ヶ月（獣医推定）の子犬が縁あって我が家の家族になりました。15年の生涯に3回の出産に恵まれ、多くの子孫を残しました。

雑種ですから子どもたちの姿も性格もバラエティーに富んでいて、全員素晴らしい飼い主に恵まれていいお付き合いができました。

普段は甘えん坊のチビが母親の自覚に目覚め、かいがいしく飛び回って子犬たちの世話をするのが何ともいとおしくて、3回も出産させてしまいました。

子犬のかわいさが忘れられなくて……。

16歳の誕生日を迎えた在りし日のマグちゃん。

　チビがいい子だったので、生まれた子犬たちは、ご近所はもちろん、料理のクラスの方たち、子どもの友人などにもらわれて、つけていただいた名前もユニークです。
　私のケーキの先生宅は、「ラムちゃん」。
　近所の女流画家宅は、「ピカソくん」。
　お料理のお仲間宅は、「クッキーちゃん」。
　息子の友人の秀才君宅は、「ジャンヌちゃん」とおしゃれなフランス語。
　お話のおばさん宅は、「ごんべい君」。
　その他、メリー、クマ、マリー、マグ、ロン、タロー、コロ、チコ、もも（以上敬称略）など。
　飼い主と一緒にニューヨークで暮らしたチコちゃんは、セントラルパークでいつも" beautiful Japanese dog! "と賞賛を浴びたとか。

英国で出会ったメモリアルベンチ

夕方行くと必ず同じベンチに座っていたサリーさん。
何気ないおしゃべりにどれだけ癒されたことでしょう。

　イギリスで暮らしていろいろな"素敵"に出会いました。その中の一つがベンチです。
　公園が好きな私はイギリス滞在中３軒の家に住みましたが、いつも公園の近くが条件でした。30代の後半に暮らした４年間、特に最初の１年は初めての外国の生活に戸惑いや心配が常につきまとい、公園を散歩することでどんなに癒されたことでしょう。

　そんなある日、ベンチのほとんどにプレートが付いているのに気がつきました。いわく、「あなたと歩いた思い出の小道に」「愛する両親の思い出の地に」などなど。

ちょっと珍しいパターン

ずらりと並んだメモリアルベンチ

左の２枚の写真は、セント・ポール大聖堂のローズガーデンにて。今年の夏、英国にプチ留学をした友人の飯塚実智子さん提供です。

ベンチ万歳

ロングベンチが珍しいのでカメラを向けたら、同じツアーの仲間たちがモデルになってくれました。
ベンチが見えないよー。
──ベルリンにて

オリーブの下のベンチからは、陽気なおしゃべりが途切れることなし。
──イタリア・ポルトフィーノにて

Let's try Christmas cooking!

2009/11/18 号

気軽にホームパーティー

　秋も深まり、そろそろクリスマスデコレーションが店頭を飾っています。今年のクリスマス、どんなお料理を？　とお悩みではありませんか？　今回は、私の教室のレシピからいくつかご紹介いたしましょう。ヒントにしていただけると嬉しいのですが。

ティーパンチで乾杯！

　フルーツを星型にカットしても楽しいですね。

　姫りんごがあれば、よりクリスマスの雰囲気が……。

【材料】（10人分・約1760cc）
- アイスティー……1500cc
- シュガーシロップ……200cc
- 炭酸水……60cc
- フルーツ（りんご、バナナ、イチゴ、オレンジなど）

オードブルバリエーション

洋なしの生ハム包み。
生ハムの塩分が梨の甘みにぴったり！
パリッ、トロリ、春巻きの皮とチーズのコラボ。

合鴨（アイガモ）とルッコラの相性は抜群。マヨネーズドレッシングを添えて。

サラダ２種

タコのマリネ

大根とミニトマトとブロッコリーは
お漬物感覚で。

メイン料理はミートローフ

マッシュポテトを雪に見立てて……。
周囲の枯れ葉はポテトチップスでも。

いつものミートローフに
ちょっと手を加えて……。

【材料】

●マッシュポテト
- じゃがいも……600g
- バター……50g
- 牛乳……100cc
- 塩、こしょう……適宜

●ミートローフ
- 牛ミンチ……200g
- 豚ミンチ……200g
- ベーコン……80g　※あらみじん
- ソーセージ……80g　※あらみじん
- たまねぎ……中1個　※みじん切り
- にんにく……1片　※みじん切り
- 中濃ソース……大さじ2
- 卵……1個
- 食パン（6枚切）……1枚
  ※牛乳につけ、ほぐす
- 牛乳……適宜
- 塩、こしょう……適宜

【作り方】

◇マッシュポテト
① じゃがいもをレンジで12分加熱し、熱いうちに皮をむきつぶす。
② じゃがいもが熱いうちに、バターと温めた牛乳を混ぜる。塩、こしょうで味をととのえる。

◇ミートローフ
① 材料を全部ボールに入れよく混ぜ、かまぼこ型にまとめ、表面を手の平でよく叩いて空気を抜き、滑らかにして180度のオーブンで20分焼く。
② 焼き上がりを少し冷まして、表面をマッシュポテトで木肌のように飾り、180度のオーブンで7～8分焼く。
③ 春巻きの皮を適当な大きさにちぎって油で揚げる（枯れ葉用）。大皿の真ん中にミートローフを置き、周囲に春巻きの皮を散らす。

お楽しみのティータイム

いつものケーキもデコレーションでクリスマス風！
お宅だけのオリジナルを演出してください。お子様方の新鮮なアイデアを期待します。どうぞ楽しいクリスマスシーズンをお楽しみください。

チョコレートケーキ

　雪の森をイメージしました。

コーヒームース

　シャルロット仕様で仕上げて。
　ビスケットは市販のものを使うと簡単です。リボンで楽しみましょう。

イチゴパイ

市販の冷凍パイ生地を使ってお皿を焼き、カスタードクリームまたは生クリームにイチゴを並べるだけ。

手作りのカードを工夫するのもいいですね。

クリスマスツリー DE シュー

ミニシュークリームをホワイトチョコレートののりでくっつけてツリーに仕立てます。

上に積むシューは中身を入れないほうが上手に積むことができます。下のシューはやや大きくするのが崩れないコツです。

いただくときはジャンケンで順番に……。崩した人は罰ゲーム？大騒ぎになること請け合いです。

中欧4カ国 クリスマスマーケットを訪ねて

ウィーン・バーデン（オーストリア）/ チェスキー・クルムロフ（チェコ）/ ブダペスト（ハンガリー）/ ブラチスラヴァ（スロバキア）

2009/12/16号

シェーンブルン宮殿（ウィーン）

ホットワイン店を営むカップル

　成田空港をシルバー色のトナカイに送られて出立。機内ではハプスブルク家関連の映画鑑賞。

　気分はいやが上にも盛り上がって……黄昏(たそがれ)のウィーン国際空港に降り立ち、早速、シェーンブルン宮殿のマーケットへ直行。ハプスブルク家の夏の離宮だった壮大な宮殿の前庭が会場とは、なんと贅沢(ぜいたく)！

　約60軒の屋台が並び、手作りクラフトのお店が多いのが特徴だとか。おとぎの国に迷い込んだかのような華やかさについ時間も忘れて……。夜間の冷えには十分配慮したつもりでしたが、やはり聞きしに勝る寒さ、思わず「グリューワイン（ホットワイン）」をぐいぐいっと……。

　体じゅうに伝わる甘さと温かさが心地よく、と思ったのもつかの間、アルコールには弱い私でした。翌日からは「ノン・アルコール」や「キンダー・プーシュ」（子ども用）にしました。

キリスト？

これあなたが作ったの？

プレッツェル（パンの一種、「腕を組む」の意）店にて

左：市庁舎前マーケットのカップ　右：シェーンブルン宮殿マーケットのカップ

【グリューワイン】

　赤ワインにフルーツシロップやシナモンなどの香辛料を加えたホットワイン。カップ代込みで売られており、カップを店に返せばカップ代が返金されるシステム。各マーケットオリジナルのカップなので持ち帰る人が多いとか。

世界遺産に指定され脚光を浴びているチェスキー・クルムロフ。

街の広場にはキリスト生誕の馬小屋がひっそりと。

　2日目は今回いちばんの楽しみにしていたチェスキー・クルムロフ。中世のお城をそのままに残した城下町……素敵でした。ウィーンから4時間もバスに揺られて来たかいありでした。

　残念だったのは、クリスマスマーケットが開かれるのは週末だけとのこと。人口が12,000人のかわいい城下町。よそとは一味異なるマーケットなのでしょうね。

私好みのリースでしたが、大きすぎてあきらめました。

市庁舎前広場のメインツリー

ウィーンへの帰途は、ベートーヴェンやモーツァルトなど多くの歴史上の人物も訪れたという温泉町「バーデン」のマーケットへ。保養地ということもあり、どっしりと豊かな印象のマーケットでした。

帽子大好きの店主は、素敵な女性でした。

　ウィーンに戻って市庁舎前広場のマーケットへ。ちょうど日暮れどき、大きなクリスマスツリーが現れたときはバスの中ですごーい歓声が起こりました。ウィーンに20カ所あるクリスマスマーケットの中でも、その規模、その美しさ、また伝統的にもナンバー1を誇るとガイドさんもいささか自慢げでした。期間中は300万人以上が来場するとか。食べ物の屋台やテントが立ち並び、家族連れ、恋人たち、一段とにぎやかな人々は勤め帰りのグループでしょうか？　寒さも吹き飛ばす勢いでグリューワインを片手に食欲旺盛でした。

そぞろ歩く人々

今夜の夕食は熱々のソーセージとザワークラウトを。

ベルが好きなので、のぞいてみましたが……。

我が家にぴったりのベルが見つかった店。

　ウィーン在住35年のガイドさん（日本人女性）に伺いました。
「あなたもクリスマスマーケットにいらっしゃるの？」
「もちろん！　本当に楽しみの一つですよ。いくつものマーケットをハシゴしたり、もう何十年も通っている店もあって……」とそれは楽しそうに話してくださいました。

　3日目に訪れたブダペストのマーケットはハムやチーズの店での試食もでき、ハンガリー独特のおおらかな陶器の店も目につき、私には楽しいマーケットでした。

ハンガリーの人形たち

　スロバキアのブラチスラヴァではちょうど、テレビの中継の日で、民族衣装の子どもたちが舞台で歌ってくれました。独唱する子どものママが、舞台の袖で心配そうに一緒に口ずさんでいて、母の気持ちは東西変わらぬものと、ほほえましく温かい気持ちになりました。

独唱する子どもたち

　今回は五つのクリスマスマーケットを巡りましたがそれぞれによさがあり、どこがいちばんよかった？　と聞かれて困ってしまいます。どのマーケットでも幸せそうな人々と出会い、多くを語り合うことはできなくても生活をENJOYしているなーと感じることができました。

chocolate・チョコレート
～ウィーンの街から～

2010/2/17 号

昨日、米寿を迎えたご婦人に。

銘菓「ザッハ・トルテ」に魅かれて
ホテル・ザッハに。

　2月に入ったとたん、街のあちこちでチョコレートが華やかに輝きだしました。そう、今年もバレンタインデーがやってくるのですね。
　昨年12月に訪れたウィーンはまさに、「音楽とチョコレートの街」でした。いやが上にも私の「チョコレートボルテージ」も上がっています。ということで、今回はチョコレート話です。お付き合いください。

　ウィーンといえば、かの有名な「甘い戦争」を避けては通れません。世界の銘菓の一つ、ザッハ・トルテの物語（※諸説あり）です。
　ナポレオン後の体制を協議するウィーン会議のとき、主催国のオーストリアの宰相メッテルニヒ公はお抱えのシェフ、エドワード・ザッハに「今まで誰も食べたことがない素晴らしいものを作るように」と命じました。ザッハはデザートに素晴らしいチョコレートケーキを作り、各国の代表のすべてが大賛辞を贈ったとか。後にザッハは独立し、ウィーンの中心、オペラ座の前に「ホテル・ザッハ」を開業し、ザッ

世界じゅうからやってきた著名人たち。見覚えのあるお顔もチラホラ。

テーブルクロスにサインとはいかにもホテルらしい。ホテル内の廊下に飾られていて。（友人の上原さん撮影）

ハ・トルテは有名になりました。

　ところが、同じ街にデメルという洋菓子店があり、いつのころからか同じお菓子を売るようになったのです。何でもホテル・ザッハの息子とデメル菓子店の娘が結婚をしたため、その作り方が伝わってしまったらしいのです。もめにもめ、長い論争の末に裁判となり、9年もの歳月の後、ホテル側が勝利の判決を受けたとか。その結果デメルはお菓子の名前を「デメルのザッハ・トルテ」と変えなければなりませんでした。

　でも、お菓子の売り上げで勝ったのはデメルだったというお話。

（参考文献：吉田菊次郎『ブールミッシュ 吉田菊次郎のお菓子物語』雄鶏社、1987年）

　200年近く経った今でも、二つの店は大にぎわいでした。やはり、ウィーンを代表するケーキに間違いなさそうです。

　往路の機内誌で見つけた「インペリアルトルテ」は、ぜひトライしたいケーキでした。150年前のウィーン万博時、国賓の滞在用にと開業した格式高い「インペリアルホテル」のチェックイン後に出てくるウェルカムスイーツだというのですから。

　どっしりとした外観に、ハプスブ

2002年にご宿泊なさった天皇皇后両陛下も召し上がったのでしょうか？

ルク家の紋章「双頭の鷲」が描かれたチョコレートをあしらった、品格を感じさせるケーキでした。最近、日本の軽い、甘い、しっとりしたケーキになじんだ私には、厳選素材と秘伝のアーモンドクリームのハーモニーのこのケーキ、コーヒーを三杯もお代わりしてゆっくりいただきました。歴史の重みを感じながら……。

おなじみの作曲家のカカオランキング in ウィーン。

今回のウィーン滞在中にこんな楽しいチョコレートを見つけました。

皆さんはこのランキングをどう思われますか？　私は、シューベルトはもう少し甘くてもいいと思うのですが……。

カカオ含有率		私の勝手な感想
☆モーツァルト	：34％	ミルクチョコレート感覚
☆シュトラウス	：43％	カカオの香りと甘味がgood！
☆ハイドン	：52％	カカオと砂糖の配合がbest
☆シューベルト	：71％	もう少し甘美でもいいと思うけど……
☆ベートーヴェン	：85％	苦くて食べられない

参考：チョコレートの原料のカカオ豆は甘いものではありません。甘さは後から加える砂糖などによるものです。パーセンテージが高いほど苦いということです。

チョコレートフォンデュー

　誰もが好きなチョコレート。口に入れるとカカオの香りと甘さが広がり、やがてスゥーと溶けてなくなってしまう……。そんな魅力的なチョコレートも、昔は健康飲料でした。

　さて、今年はどんなチョコレートに巡り会えるでしょうか？　チョコレートと一緒に何を召し上がりますか？　コーヒーですか、それとも紅茶？　最近は、きりっと冷えたシャンパンが大人の女性に流行とも聞いておりますが……。

　私の提案は、家族でお楽しみいただけるチョコレートフォンデューです。どうぞ、愉(たの)しく、美味しく、おしゃれな日々をお過ごしください。

【材料】
・チョコレート……150～200g
・お好みのフルーツ……適宜　※一口大にカット
　（イチゴ・バナナ・りんご・オレンジなどお好みで）
・スポンジやクッキーなど……適宜

【作り方】
① チョコレートを電子レンジ（500w）で4～5分加熱する。
② 溶けたチョコレートをそのままテーブルに。
　お好みのフルーツなどをつけて。

お別れ……そして出会いの季節
～ホームパーティー開きませんか～

2010/3/17号

♪さよならは別れの　言葉じゃなくて～～

（作詞：来生えつこ　「セーラー服と機関銃」）

薬師丸ひろ子さんの優しい歌声が聞こえてきそうなこの季節。感動あり、失望あり、希望ありの季節がまた巡ってきました。

自分自身の子どものころを振り返っても、思い出のほとんどはこの季節に凝縮されているようです。まして子育てのころには……いやーイロイロございました。

仲良しの友達との初めての別れにしょんぼりしている息子。その友人のお母さんと相談して、両家族でホームパーティを開きました。これが大成功！　以後、息子たちの小学校時代には慣例でした。

大勢でわいわい騒いだ思い出を子どもたちへのプレゼントにしませんか？　そんなときにぴったりのメニューをご紹介します。どうぞ春の一日、美味しく、愉しくお過ごしください。

～大勢が集まるときのアドバイス～

①準備をしっかりしておくと、愉しくスムーズに過ごせます。
　これは後片付けに時間がかからないことにも通じます。
②人数に融通性のある献立が望ましい。
③経済的であることもホームパーティの大事なポイントです。

お別れパーティー ～Thank you! See you again!～

サンドイッチ・ボックス

サンドイッチは彩りが大事。

【材料】
- 食パン（23cm × 17cm × 7cm）……1本
- バター……適宜　※室温に戻しておく
- （A）・スモークサーモン……200g　※スライスしたもの
  - たまねぎ……中1/2　※極薄半月切り、水にさらし固くしぼる
  - レモン……適宜　※たまねぎにしぼる
- （B）・きゅうり・塩　※薄い輪切りにして軽く塩もみ、水気を切り、マヨネーズであえる
  - マヨネーズ……少々

【作り方】
① 食パンは上部を1cmの厚さにスライス（ふたになる）。
② 側面、底を1cm残して中身の形を保って取り出す。
③ 中身を使い、サンドイッチ（A）と（B）を作り、ボックスの中に戻す。
④ ふたをして、リボンでデコレーションをする。

リボンでイメージが変わります。

キッシュ
～サンドイッチを取り出した後のボックスを使って～

パリパリのパンも美味しい！

【材料】
- ●フィリング
  - ・卵……4個
  - ・生クリーム……150cc
  - ・牛乳……150cc
  - ・塩・こしょう……少々
- ●具
  - ・ベーコン……2枚　※1cm幅に切る
  - ・ねぎ……1本　※せん切り
  - ・かに肉……150g　※ほぐす
  - ・パルメザンチーズ……70g　※おろす

【作り方】
① フィリングは、卵を泡立てないようにほぐし、ほかの材料と混ぜ合わせる。
② 具はベーコンをソテーし、その油でねぎとかに肉をいため、①と合わせる。
③ パンのボックスに②を流し入れてチーズを加え、180度で約20分、表面がきつね色になるまで焼く。ケースごと切り分けて食す。

にんじんサラダ

にんじん嫌いだった坊やがにんじん好きになったと、お母様から今でも感謝されますが、最近よくいわれる「食育」に通じますね。

【作り方】
① にんじん4本（400g）は皮をむき、スライサーでごく細いせん切りにして、水気を切ってフレンチドレッシングであえる。
② お皿ににんじんの形に盛り、葉の部分をレタスで飾る。

にんじんのサラダ

こんなサラダもおすすめ！

① グレープフルーツの実をとる。皮をむくときは、形を崩さないように注意！
② オリーブは、缶や瓶の水分をよく切り、①と合わせる。

ドレッシングはお好みで、またはなくてもOK。グレープフルーツの果汁がよいドレッシングになります。

グレープフルーツのサラダ

〜デザート〜
「春の花壇」

　簡単にフルーツ盛り合わせなどいかがでしょう。
　スポンジケーキにホワイトチョコレートを流して、フルーツを盛りつけました。

飲み物

　飲み物はトマトジュースなど、ちょっと野菜系のものなどがおすすめです。大人用にはトマトのワイン（アルコール12％）もありますので、一見、子どもと同じ色で楽しいのでは？

―― あとがきに代えて

　モーリン！
　今年の春、送っていただいた写真を目の前にして書いています。私のロンドン生活が貴女のお陰で、とても楽しかったことに感謝しつつ……。
　私が貴女に魅かれたのは、貴女が女子校の歴史の先生だったこともあります。最初のロンドン生活であなたに出会った私は、本当にラッキーでした。モーリンと一緒にいると、私は英語が苦手ということをいつも忘れていました。
　レッスンは室内だけに留まらず、ロンドン中にでかけましたね。特に、博物館やスペシャルなイヴェントなどに行ったときは、本当に得をした気分でした。夫や友人が、「私も行ったのに……」と残念がることしきり。
　二度目のロンドン生活でもまた先生になってと頼む私に、貴女はおっしゃいました。今回は私とKYOKOはお友達！　楽しい3年間でした。
　ご主人のフィリップがリタイヤー後は、イギリス人の常として郊外に住まいを移し、その地でリーダーシップを発揮なさっていらっしゃるのですね。
　お二人のご多幸をはるか日本からお祈り致しております。

2015年10月　京子

著者の洋菓子と紅茶に関する主な活動

- 1975〜1979
  ロンドンにてインターナショナル料理講習会に参加
- 1982〜1985
  「ファミリーケーキングマエカワ」にて洋菓子を学ぶ
- 1984
  国家試験　製菓衛生師資格取得
- 1985
  「ファミリーケーキングマエカワ」師範科卒業
  生活クラブ　料理教室「ボナペティ」設立、副代表
  洋菓子コース責任講師／欧風料理講師
- 1987〜1990
  ロンドンの「ヘンドンテクニカルカレッジ」にてシュガーデコレーション、ノベルティケーキコースを学ぶ
- 1988〜2010
  地域のゆりがおか児童図書館にて、クリスマス "お菓子の家" 指導
- 1990
  麻生区成人学校「イギリスの生活と文化」講師　10回
  "a nice cup of tea" 主宰。以後、年数回、季節やテーマに合わせたお茶会開催
  「ボナペティ」脱退、自宅にて欧風家庭料理＆洋菓子の教室を開く（2015年閉室）
- 1991〜2000
  川崎市制60周年記念「王禅寺ふるさと公園」にて公園を考える会のサポートを得て "芝生の上のティータイム"
  毎年、100名以上の市民との交流を楽しむ
- 1993〜1994
  タウン誌に〜Message from Cakes〜連載
- 1995・3
  日本紅茶協会ティーインストラクター資格取得
- 1995・9
  紅茶研修　スリランカの旅
- 1995・9
  お茶料理研究会にてパネラー（茶料理と菓子作品発表）
- 1995〜1998
  日本紅茶協会ティーインストラクター卒業記念パーティーコーディネイト

- ◆ 1996〜2013
  お茶料理研究会　料理コンテスト審査員
- ◆ 1995・11
  ＊イベント　二人展「花と紅茶秋物語」
- ◆ 1996〜1997
  テープ雑誌に"お菓子の国からこんにちは"連載
- ◆ 1996・11
  ＊紅茶研修　イギリスの旅
- ◆ 1997・5
  ＊イベント　二人展「初夏の花々と紅茶物語」
- ◆ 1997・8
  ＊紅茶研修　スリランカの旅（2回目）
- ◆ 1997・11
  ＊イベント　二人展「秋の草花と紅茶物語」（横浜）
- ◆ 1998・10
  ＊紅茶研修　台湾の旅
  雑誌『ラ・セーヌ』好きを仕事にした女達50に選出
- ◆ 2000・1〜12
  日本紅茶協会・翻訳グループに参加、『TEA』を出版
- ◆ 2000・3
  北上市、紅茶セミナー
- ◆ 2001・7
  ＊イベント「紅茶物語」〜文学、絵画、映画の中の紅茶〜に参加
- ◆ 2001・6〜9
  ＊静岡　お茶の郷の企画展「華麗なるアフターヌーンティの世界」に協力
- ◆ 2001・10
  自宅にて「紅茶とお菓子」の教室開催　1期生養成
- ◆ 2004・7
  新宿「OZONE館　夏の大茶会」に参加
- ◆ 2004・12〜2005・11
  テープ雑誌に「ようこそ紅茶の世界へ」連載
- ◆ 2005・9
  ＊紅茶研修　インドネシアの旅
- ◆ 2005・12
  麻生市民館「男女共同参画セミナー」講師参加

●著者プロフィール

仁位 京子（にい きょうこ）

欧風家庭料理・洋菓子研究家。日本紅茶協会認定ティーインストラクター。

1941年、京都に生まれる。

海外駐在員の家庭に育ち、早くから欧米文化、特に食文化に興味をもち仏料理、洋菓子を学ぶ。結婚後、二度の英国滞在中に諸外国の婦人との交流を通して欧米の生活文化、食生活をトータルに学ぶ。

ロンドンのテクニカルカレッジにて、シュガーデコレーション、ノベルティケーキコースを学ぶ。1990年に"a nice cup of tea"を主宰。季節やテーマに合わせたTEA PARTYを年に数回開催。"一杯の紅茶から広がる人の輪"を楽しんでいる。

自宅で、「食卓は人を育てる」をモットーに、欧風家庭料理、洋菓子のクラスを楽しみながら、地域の成人講座、PTA等で英国での暮らしの体験を紹介。

Kyoko Nii's Salon Talk

～仁位京子の〈お話サロン〉～

お菓子・紅茶・英国物語

発行日	2015年11月19日　初版第1刷発行
著　者	仁位 京子
発行者	佐相美佐枝
発行所	株式会社てらいんく
	〒215-0007　神奈川県川崎市麻生区向原3-14-7
	TEL　044-953-1828　　FAX　044-959-1803
	振替　00250-0-85472
印刷所	株式会社厚徳社

ⓒ Kyoko Nii 2015 Printed in Japan
ISBN978-4-86261-118-5　C0095

定価はカバーに表示してあります。
落丁・乱丁のお取り替えは送料小社負担でいたします。
購入書店名を明記のうえ、直接小社制作部までお送りください。
本書の一部または全部を無断で複写・複製・転載することを禁じます。